地形と歴史から探る福岡

石村　智

MdN新書

012

はじめに

福岡は、古代から現代にいたるまで日本列島の玄関口として発展をとげてきた。その福岡発展の「なぜ?」を、地形と歴史から明らかにしようというのが本書のねらいである。

福岡が日本列島の玄関口の役割を果たしてきたのは、何といっても朝鮮半島や中国大陸に近いという地理的な条件が大きいことは間違いない。しかし、半島や大陸に近い九州の中において、とりわけ福岡が発展したのには、もうひとつの理由がある。それは海に近く、しかも肥沃《ひよく》な平野を有するという地形的な条件である。

福岡および博多《はかた》の町は、波の穏《おだ》やかな博多湾に面している。それは、つまり船を安全に停泊させることのできる港として適していたということである。さらに古代の福岡平野は、現在の海岸線よりも数キロメートルほど内陸まで海が入り込んだ、ラグーン（内海）地形を形成していた。ラグーンは港湾設備が未発達であった古代において、港としてうってつけの場所であった。こうした地形を有していたために、福岡は古代より人々に盛んに利用されたと考えられる。

加えて福岡平野には、那珂川《なかがわ》や御笠川《みかさがわ》をはじめとする大小の河川が流れており、恵み豊かな土地が形成されていた。そのため、この地では日本列島で最も早く、稲作農耕がおこなわれるようになった。近年の考古学の研究成果により、福岡平野では縄文《じょうもん》時代の晩期にすでに稲作農耕がおこなわれていたことが明らかになっているが、日本列島の中でいち早く稲作農耕を導入することができたのは、福岡の地形的な条件によるところが大きい。

こうした地形的な利点に、すでに述べたように半島や大陸に近いという地理的な条件が加わることによって、福岡は海の外からやってくる人や物を最初に受け入れる場所となった。海外の文化にふれる機会が多かったため、日本列島の中でも福岡は最も先進的な文化が花開く場所となってきた。しかし、それは単に外国のものをうわべだけなぞったものではなく、いちど咀嚼《そしゃく》したうえで、福岡独自の文化として形作られてきたのである。これは福岡がたどってきた歴史的な厚みによるところが大きい。

こうした福岡の地形的・地理的な条件と、古代から今日までたどってきた歴史を踏まえたうえで、本書では福岡発展の「なぜ?」を六つの側面からながめていくこととしたい。

まず、第一章「早くから開けていた『福岡』」では、おもに古代における福岡の様子を見ていくこととしたい。福岡平野は内海のラグーンであったことから、天然の良港として利用されてきた。また、朝鮮半島や中国大陸に近いことから、海の向こうの文化がいち早く入ってくる場所でもあった。弥生《やよい》時代になると、「奴国《なこく》」や「伊都国《いとこく》」といったクニが成立し、中国の歴史書にもその様子が記載されている。さらに、古代史最大の謎のひとつである、邪馬台国《やまたいこく》の所在地として有力な候補とされている。

近年、ユネスコの世界文化遺産に登録された沖ノ島からは、中国大陸で製作されたと考えられる三角縁神獣鏡《さんかくぶちしんじゅうきょう》や唐三彩《とうさんさい》、さらには西アジアのペルシアで製作されたと考えられるカットグラス碗《わん》など、シルクロードを通じてユーラシア大陸の各地域の文化がこの地までもたらされていたことが示されている。

さらに最近では、対馬《つしま》で日本の歴史書に登場しない「秘密の港」が見つかっている。この港は、朝鮮半島との貿易に使われた可能性が指摘されているが、詳細については目下、調査中である。本書では、こうした考古学的な新発見についても、できるだけ取り上げて紹介していきたい。

第二章「『福岡』にある外国人受け入れの下地」では、福岡の町が古くから外国人が多く住む、国際的な都市であったことを紹介する。特に平安時代の終わりから鎌倉時代にかけては、「大唐街《だいとうがい》」と呼ばれる中国人の居留地が造られ、中国風の建物が立ち並ぶエキゾチックな景観が形成されていたと考えられている。いわば中世の「チャイナタウン」と言っても過言ではないだろう。そうした福岡居留の中国人で代表的な人物こそ謝国明《しゃこくめい》である。彼は宋《そう》の商人であり、日本人の妻を持ち、自らも謝太郎という日本名を名乗っていた。このように外国人を受け入れるのに寛容な福岡の土地柄は、古代より海外と盛んに交流してきたという歴史を反映する一方で、今日のように多くのインバウンドの観光客を受け入れているることにもつながってくると考えられる。

こうした外国人を受け入れる土地柄は、おそらく弥生時代に渡来人を受け入れたことと大きく関係しているだろう。これまでの定説では、弥生時代に稲作農耕民である渡来人が九州にやってきて、在地の縄文人を征服して置き換わったのだとされてきた。しかし、近年の考古学の成果により、実際に九州に渡ってきた渡来人の数は少数であり、むしろ在地の縄文人たちによって受け入れられ、婚姻《こんいん》を通じて交ざ《ま》り合っていくことによって弥生文化が成立したのだと考えられるようになってきた。つまり、福岡の外国人受け入れの下地は、はるか縄文時代の人々より受け継がれてきた可能性が高いのである。

第三章「中央に対抗する『福岡』」では、福岡のもうひとつの側面といってもよい、福岡の人々の反骨精神について見ていきたい。福岡は日本列島のどこよりも早く開けていた土地であったにもかかわらず、古代より現在にいたるまで、日本列島の政治の中心になることはなかった。このことが、福岡の人々の中央へ対抗していこうとする心情の源泉となっている可能性が高い。

古くは、日本の国家が形成される時期である古墳時代において、九州に独自の文化を築いてヤマト政権に対抗したのが筑紫君磐井《つくしのきみいわい》であった。彼の墓と考えられる岩戸山《いわとやま》古墳には、日本列島の他の地域では見ることのできない、石人《せきじん》・石馬《せきば》と呼ばれる、人や馬をかたどった石の彫像が並べられていた。またヤマト政権とは別に、朝鮮半島の新羅《しらぎ》と独自の外交関係を結んでいたとも考えられている。最後には磐井はヤマト政権の継体《けいたい》天皇の命によって派遣された物部麁鹿火《もののべのあらかひ》によって討たれたが、それは磐井がヤマト政権をおびやかすほどの実力者であったことを示しているにほかならない。

そして、時代が下った南北朝時代には、九州は南朝側の懐良《かねよし》親王の拠点となり、北朝側すなわち室町《むろまち》幕府に対抗した。懐良親王は中国の明《みん》より「日本国王」と呼ばれたが、その経緯を細かく見ていくと、日本に侵攻しようとする明に対抗した懐良親王の毅然とした態度も見ることができるのである。

第四章「対外戦争の窓にもなった『福岡』」では、中国大陸や朝鮮半島に近いという地理的な条件から、日本から外国へ侵攻していく時の拠点として利用される一方、外国からの侵攻に際しては真っ先に戦火にさらされるという、福岡のある意味で困難な歴史について見ていくこととする。

古代においては、神功皇后《じんぐう》の三韓征伐は檑日宮《かしひのみや》（香椎宮《かしいぐう》）を出立しておこなわれた。また唐《とう》・新羅の連合軍と激突した白村江《はくそんこう》の戦いも、博多湾を拠点とする海人族《かいじん》出身の阿曇比羅夫《あずみのひらふ》を指揮官とする遠征軍によって戦われた。結局、倭国軍は敗れ、逆に唐・新羅連合軍の侵攻の脅威に備えなければならなくなった。そのため、九州防衛の拠点である筑紫大宰《おおみこともち》を守るため、水城《みずき》と呼ばれる土塁と、大野城・基肄城《きい》という山城を築いた。これらの遺構は今日でもよく残っており、当時の土木技術の高さと、国土防衛の切迫感を感じることができる。

鎌倉時代には、福岡は二度にわたる蒙古《もうこ》襲来において主戦場となった。日本の歴史において外国からの本格的な侵攻を受けたのはこの時が初めてであり、まさに未曽有《みぞう》の危機であった。この危機に瀕《ひん》し、九州の武士たちはまさに身命を賭《と》して戦ったことが、今日まで残る絵巻物『蒙古襲来絵詞《えことば》』からうかがい知ることができる。蒙古襲来の防衛線として構築された元寇防塁《げんこうぼうるい》は、今でも福岡の市街地の中にその姿を見ることができる。

第五章「多様な政治力を醸成する『福岡』」では、福岡の地が生み出してきた様々な人物について見ていきたい。第一章や第二章で見るように、福岡は海外に開かれているため、外国の文化をいち早く受け入れることができる環境にあり、そのため国際性に富んだ人材を多く輩出《はいしゅつ》してきた。また、第三章で見るように、中央に対抗していくような反骨精神に富んだ人々が多いのも確かである。福岡の偉人たちに共通するのは、こうした先進性と批判性を兼ね備えていることにあるといえる。

そうした人物の代表格こそ、右翼団体である玄洋社《げんようしゃ》の中心人物であった頭山満《とうやまみつる》であろう。頭山満は今なおその評価の分かれる人物であることは確かだが、偏狭《へんきょう》なナショナリズムにこだわることなく、大アジア主義と呼ばれるグローバルな視野とそれに基づく活動をしていたことは確かである。日本の軍国主義やファシズムを無批判に支持するのではなく、中国国民党の指導者蔣介石《しょうかいせき》との友誼《ゆうぎ》を通じて日中和平の道を探ろうと試みたことも、あらためて評価されるべきことである。

頭山に見るこうしたグローバルな視点と反骨主義は、ムッソリーニやヒトラーと交流を持ちつつ東条英機《とうじょうひでき》や大政翼賛会を痛烈に批判したために命を失った中野正剛《なかのせいごう》や、外交官として活躍しソビエト連邦と強いパイプを持ち、一時は首相まで務め、第二次世界大戦中はソ連を通じて和平の道を探りつつも、最後は東京裁判でA級戦争犯罪人として処刑された広田弘毅《ひろたこうき》にも、通じるところがあった。

第六章「独自の文化を持つ『福岡』」では、福岡の土地および歴史が生み出してきた独特の文化について紹介する。たとえば、福岡を代表する食文化といえば豚骨《とんこつ》ラーメンと明太子《めんたいこ》であるが、いずれも福岡がアジア世界とつながっており、その影響を受けて生み出されたものであるということが言える。

福岡は芸能の盛んな土地柄でもあり、このこともまた独自の文化を生み出すのに、ひと役買ってきた。福岡出身の芸能人を輩出しているのは有名な話であるが、その背景には幸若舞《こうわかまい》や神楽《かぐら》などの伝統芸能が受け継がれてきた風土と、また博多祇園山笠《はかたぎおんやまがさ》や博多どんたくといったお祭り好きの気質、さらには川上音二郎《かわかみおとじろう》など、大衆演劇をもてはやす土地柄、といったことがあると考えられる。

以上のような六つの側面によって、福岡は他の地域とはひと味違った、独自の発展をとげてきたということができる。そして、福岡の発展は、今後もさらに続いていくものと私は考えている。その大きな理由は、福岡の発展のあり方が、今後の日本の発展のあり方を考えるうえで大きく参考になるからである。

近代の日本、特に戦後の日本の発展は、東京をはじめとする首都圏への一極集中と軌《き》を一《いっ》にしてきた。それは経済の効率を高めるには一定の貢献を果たしたことは確かだが、一方で地方の人口減と少子高齢化を招き、日本の地域社会の衰退へとつながったことは否定できない。

福岡という都市は、九州第一の都市としての地位を保ちつつ、ほどよい大きさと利便性を有する「コンパクトシティ」でもある。都心で働く人であってもその通勤距離・時間は東京に比べるとはるかに短く、「職住近接」が達成されている。さらに、博多駅から新幹線で日本各地へ容易にアクセスできることに加え、街の中心地に近い福岡空港からは、国内のみならず海外の主要都市までダイレクトに向かうことが可能だ。政治や経済の、東京への一極集中を解消し、地方へその機能を分散させることを考えた時、福岡はその一端を担うにふさわしい都市機能を有しており、その格好のモデルケースになるのではないかと、私は考えている。

おりしも今年（令和二年＝二〇二〇）は新型コロナウイルスの影響により、「テレワーク」

や「オンライン会議」が一般の人にもなじみのある言葉となった。こうした「テレワーク」や「オンライン会議」が推進されていくことにより、政治や経済の東京への一極集中はますますその必要性を失っていくのではないかと考えられる。そうした時に、東京ではなく福岡を住まいや拠点として選択する人や企業も、今後ますます増えてくるのではないかと予想している。

本書を通じて、今、福岡に住んでいる人、これまで福岡に住んでいた人だけでなく、福岡に関心を寄せている人、さらにはこれまで福岡と縁がなくても書店で本書を手に取ってくれた人に、福岡の魅力と発展の可能性を感じていただければ、筆者として幸甚である。

地形と歴史から探る福岡——目次

はじめに 3

第一章 早くから開けていた「福岡」

ホモ・サピエンスが日本人になるルート 22
縄文海進時代の九州 25
福岡平野は内海のラグーンだった 29
稲作を縄文時代からとした「板付遺跡」 32
志賀島から中国との交流の証し「金印」を発見 36
「魏志倭人伝」に登場する末盧国、伊都国、奴国、不弥国とは 40
邪馬台国九州説の中心地「甘木・朝倉」 44
呉が九州で人狩りをしようとしていた? 49
朝鮮半島と倭を結ぶ鉄の道 52
宗像神社と海の正倉院「沖ノ島」 57
地名に残る神功皇后伝説 62
博多繁栄の礎になった袖の湊は平清盛が造ったのか 65

天然の良港「博多」はアジア世界の玄関口に　69
軍事・外交の拠点になった大宰府「鴻臚館」　72
新発見！　対馬にあった秘密の港　76

第二章　「福岡」にある外国人受け入れの下地

金隈遺跡の高身長の遺骨は渡来した「弥生人」か　82
奴国の候補地「須玖岡本遺跡」は弥生時代のテクノポリスか　86
西新町遺跡は砂丘の上の交易都市だったのか　91
日宋貿易の宋商人も居住する博多　95
中世の博多にあった「チャイナタウン」　99
自治都市であった「博多」　102
キリシタン大名と博多　105
アジアに乗り出す博多商人　108
大友・毛利・島津が博多の争奪戦を展開　112

第三章　中央に対抗する「福岡」

新羅に呼応した「筑紫君磐井の乱」　118
大宰府で起こった藤原広嗣の乱　122
大宰府と菅原道真の左遷　126
九州で再起する平氏　129
再起をかけた足利尊氏の多々良浜の戦い　134
南北朝での大宰府の攻防　138
明が「日本国王」とした懐良親王　141
キリシタン王国を目指す大友宗麟　145
九州制覇をもくろむ黒田如水　148
旧領に返り咲く立花宗茂の意地　152
新政府への不満が爆発した「秋月の乱」　156
維新の終結となった「西南戦争」　160

第四章　対外戦争の窓にもなった「福岡」

神功皇后の三韓征伐と朝鮮半島への軍事介入　166
白村江の敗北で水城、大野城、基肄城を築城　169
平安を謳歌した朝廷を驚愕させた刀伊の入寇　174
二度の蒙古襲来に九州の武士たちが奮闘　177
明を滅亡へ追いやる倭寇の活動　181
秀吉の朝鮮出兵の前線基地となった博多と名護屋　185
玄界灘で迎え撃った日本海海戦の砲声　189

第五章　多様な政治力を醸成する「福岡」

幕末の志士を輩出する地　196
「オッペケペー」で政治を風刺した川上音二郎　200
アジア主義を貫く政治団体「玄洋社」　203
俠客から国会議員になった吉田磯吉　207

東条英機を批判した「国家主義者」中野正剛 210
A級戦犯となって処刑された広田弘毅首相 214

第六章　独自の文化を持つ「福岡」

大がかりな装飾古墳 220
日本の「禅」は福岡から 223
朝鮮人陶工がもたらした伊万里・有田のワザ 227
玄界灘が閉じられた長い時間 231
東京、上海、ソウルと同距離にある博多 234
からくり人形から大手電機メーカーへ 239
地下足袋から世界のタイヤメーカーへ 242
炭鉱と大衆演劇 246
福岡出身の芸能人が多い理由 249
豚骨ラーメン・明太子という食文化 253
底流に流れる「旧習打破」 256

東京に影響されず独自に繁栄する 259
おわりに 264
参考文献 270

地図製作：株式会社ウエイド
本文校正：石井三男
編集協力：有限会社フレッシュアップスタジオ

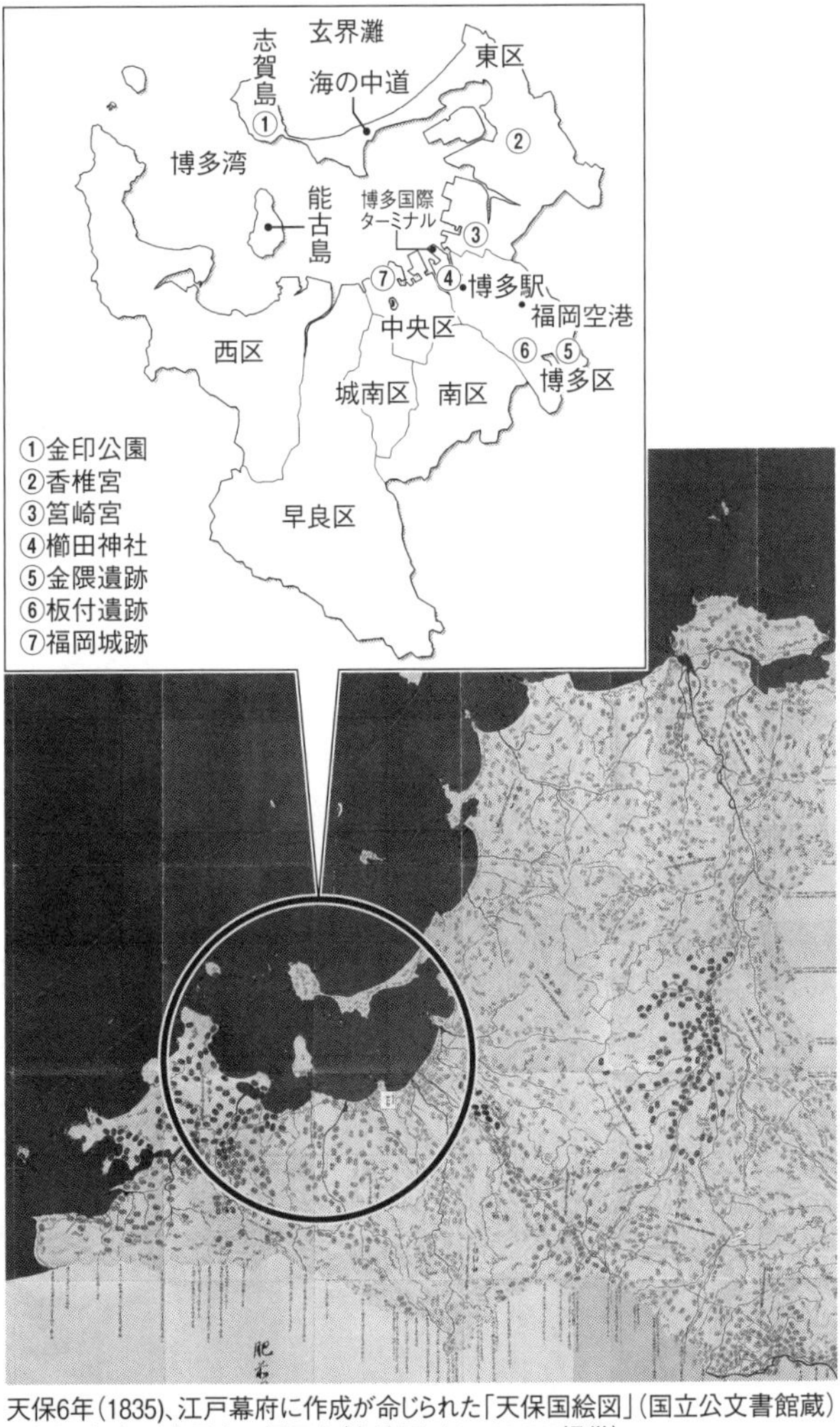

天保6年（1835）、江戸幕府に作成が命じられた「天保国絵図」（国立公文書館蔵）と令和2年（2020）現在の福岡市（白地図／CraftMAP提供）

第一章　早くから開けていた「福岡」

ホモ・サピエンスが日本人になるルート

日本の歴史を通じて福岡は日本列島の表玄関であった。それははるか昔、旧石器時代にまでさかのぼると考えられている。

日本列島に最初に人類、すなわち、私たちの祖先であるホモ・サピエンスがやってきたのは、およそ三万年前のことと考えられている。そのころは氷河期のまっただ中であり、海水面も今日よりは相当に低くなっていたので、海の浅い部分は陸地となって広がっていた。この時期には、日本列島はユーラシア大陸とは完全に陸続きになっておらず、当時も九州と朝鮮半島の間には対馬《つしま》海峡でへだてられていたと考えられている。しかし、その距離は今日よりもぐんと近いものであり、対岸を見通せるくらいの距離であった可能性が高い。

二十万年前にアフリカ大陸に出現し、七万年前にアフリカ大陸を出てユーラシア大陸に拡散していった私たちの祖先であるホモ・サピエンスは、四〜三万年前にはユーラシア大陸の東端である朝鮮半島周辺に到達したと考えられている。彼らは、対馬海峡の向こうに横たわる日本列島を見て、未知の土地に渡ってみたいと思ったことだろう。

しかし、海を渡るには船が不可欠である。もちろん、偶然の漂流によってたどり着いた

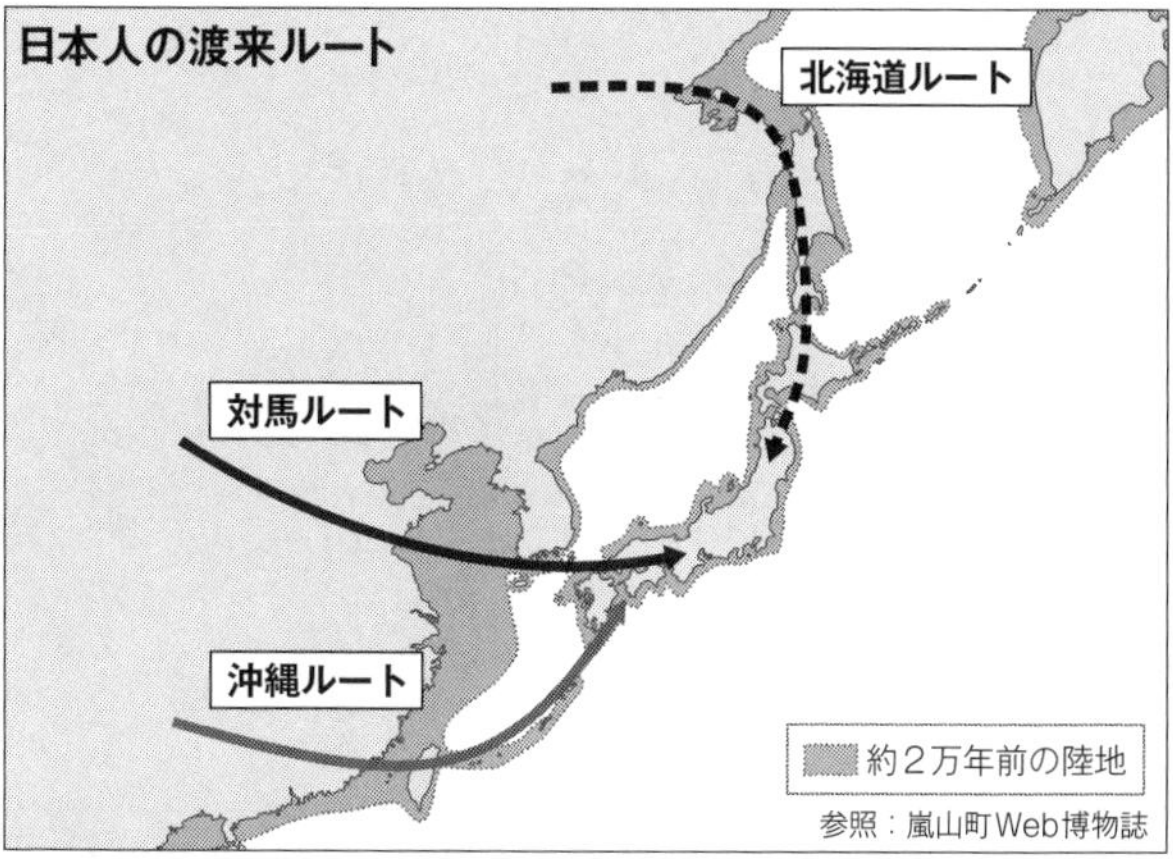

人類の祖「ホモ・サピエンス」はおよそ20万年前にアフリカで生まれ、世界中に移動した。日本人の祖先が列島にたどり着いたのは3万年以上前と考えられている

可能性も否定できないが、その時に少なくとも一対の男女が一緒に流されるか、あるいは男女が別々のタイミングで流されてきて、日本列島で一緒になったという事態を想定しない限り、そのあと日本列島で人が増えていくことはなかっただろう。私はむしろ、日本人の祖先は意図的に海を渡って植民してきた可能性が高いと考えている。

その証拠のひとつが関東地方の武蔵野《むさしの》台地（東京都）の遺跡から見つかっている。ここでは、およそ三万年前の遺跡から黒曜石《こくようせき》製の石器が見つかっており、蛍光《けいこう》X線を用いた理科学的な分析によってその石材の産地を調べたところ、伊豆諸島のひとつである神津島《こうづしま》（東京都）で産出されたものであることが明らかとなった。現在、伊豆《いず》半島と神津島との間の距離は約五十キロメートルであり、氷河期はもう少し近かった可能性があるものの、その間に横たわる海は黒潮《くろしお》の影響を受けて流れが速く、それなりの船をあやつる技術を持った人々でないと海を渡ることは困難であっただろう。

また近年では、国立科学博物館のチームが、台湾《たいわん》から与那国島《よなぐにじま》（沖縄県）までの間を丸《まる》木舟《きぶね》で航海する実験をおこない、無事に成功させている。沖縄でも三万年ほど前から人が住んでいた可能性が高く、彼らもまた大陸から船で渡ってきた可能性が高いと考えられている。この実験から、旧石器時代の人々は丸木舟のような船を使って海を渡ることができたことが示されたのである。

残念ながら、これまでのところ旧石器時代の遺跡からは、丸木舟のような船そのものが見つかったことはない。しかし、斧《おの》形、もしくは手斧形の石器（石斧《せきふ》）は日本列島の各地の旧石器時代の遺跡から見つかっていることから、少なくとも丸木舟を製作するのに必要な道具を、彼らは持っていたということができるだろう。

それでは、なぜ日本人の祖先は海を越えて日本列島にやってきたのだろうか。

それは当時の日本列島にあった豊富な食料資源、とりわけナウマンゾウの存在が魅力的だったからではないかと、私は考えている。ナウマンゾウは北海道から九州にかけての日本列島に分布していた小型のゾウで、九州でも各地で化石が見つかっている。日本人の祖先たちは、おそらく最初の段階では、ナウマンゾウ・ハンターとして海を渡って日本列島にやってきて、狩りをおこない、その肉を持って再び船で帰っていくという生活をしていたのだろう。

しかし、その豊富な食料資源にひかれ、やがて家族そろって海を渡って日本列島に移住してくるものが増え、彼らが日本人の祖先として定住するようになったのではないかと、想定されるのである。

縄文海進時代の九州

今からおよそ六千〜七千年前の縄文《じょうもん》時代前期には、氷河期の旧石器時代とは逆に、海水面が今よりも二〜三メートルほど高くなっていた。そのため標高の低い低地部は海の下に沈み、海岸線は今よりも内陸にまで入り込んでいた。

たとえば、関東平野においては、現在の海岸線から直線距離にして五十キロメートルも内陸にまで入り込んでおり、現在では海に面していない埼玉県などの内陸部でも数多くの縄文時代の貝塚が見つかっている。こうした状況を地質学的には有楽町《ゆうらくちょう》海進や完新世《かんしんせい》海進と呼んでいるが、一般的には縄文海進と呼んでいる。

この縄文海進の影響は日本列島の各地で認められるが、九州では、佐賀県の東名《ひがしみょう》遺跡を例にあげることができる。この遺跡は、今からおよそ八千年前の縄文時代早期末に営《いとな》まれた遺跡で、現在よりも内陸に入り込んでいた有明海《ありあけかい》のほとりにあったと考えられている。その後の縄文海進により、海水面は上昇を続け、遺跡のあった場所は海の下となり、人が住めなくなったため、遺跡もそこで存続が途絶えてしまったようである。海の下となり、河川が運んでくる泥や粘土によって遺跡全体がパックされることで、当時の人々が使っていた網かご(バスケット)や木の皿などの有機物が、腐ることなく、そのままの姿をとどめて出土している。

さて、この海が広がった縄文海進の時代には、不思議なことに九州と朝鮮半島との間の交流が活発になったようである。それを物語るのが曽畑式《そばたしき》と呼ばれる縄文土器である。

朝鮮半島では今から一万〜八千年ほど前から、櫛目文《くしめもん》土器と呼ばれる土器が作られるようになる。これは、櫛の歯のような道具を用いて土器の表面に文様《もんよう》を施した土器である。縄文海進の時代に朝鮮半島で用いられていたのはこのタイプの土器である。

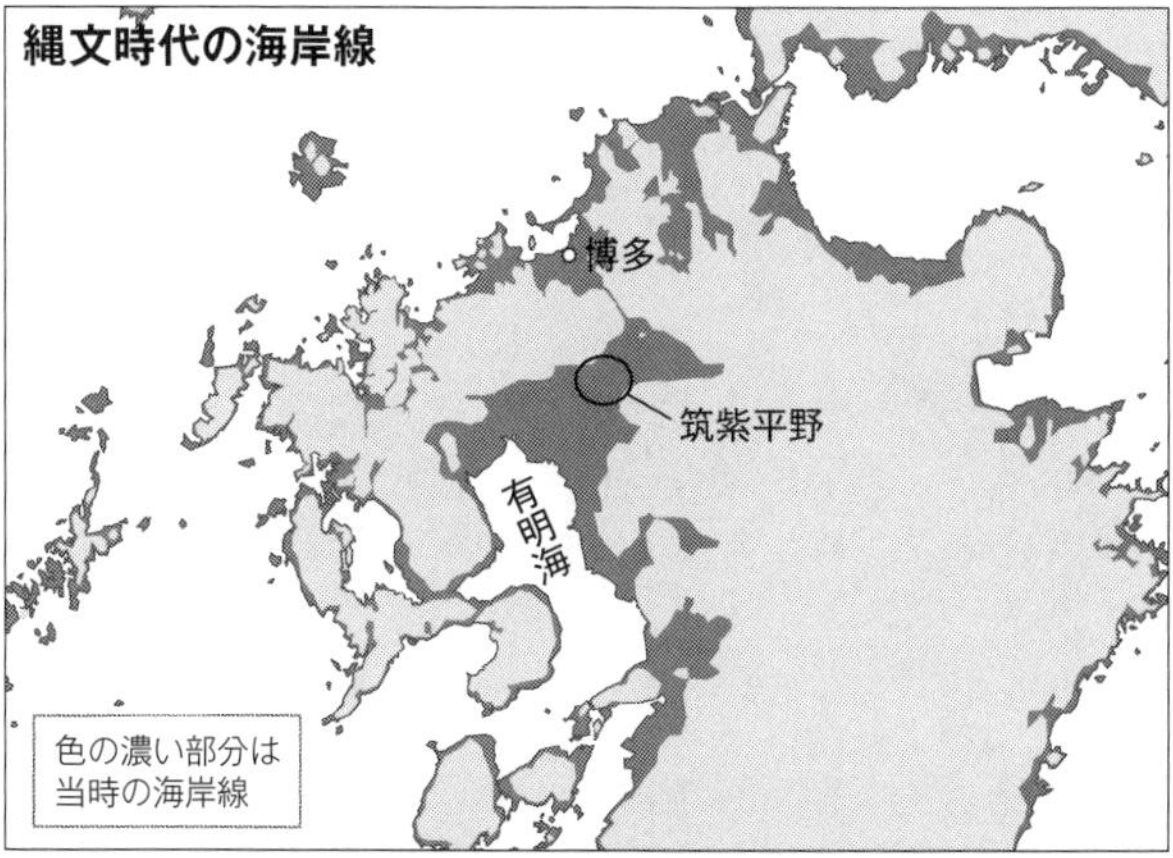

海岸線が内陸部に入り込む「海進」。筑後川周辺の筑紫平野（佐賀市を中心にする平野を含む）は、有明海が深く入り込んでいた

一方、この時代の九州では、曽畑式と呼ばれる縄文土器が用いられていた。これは縄文土器の一種であるが、実は縄文がない土器である。縄文土器の特徴のひとつは、土器の表面に施された縄目の文様（縄文）であるが、実のところ、すべての縄文土器に縄文があるわけではなく、曽畑式もまた縄文のない縄文土器である。曽畑式の特徴は、朝鮮半島の櫛目文土器と同様、櫛の歯のような道具を用いて施された文様である。そのため、曽畑式土器と朝鮮半島の櫛目文土器との間には何らかの関係があると考えられている。

ただし、曽畑式土器を作った人々が、櫛目文土器を作った人々と同じであるとは、必ずしも言えないようである。確かに、曽畑式土器が見つかった遺跡からは、朝鮮半島のものとよく似た結合式の釣り針が出土していることから、朝鮮半島の人々が九州にやってきた可能性も実際にあるだろう。その一方で、同じ時期の朝鮮半島の遺跡からは、それまでの九州で伝統的に用いられていた隆起文《りゅうきもん》土器や、鋸歯《きょし》尖頭器《せんとうき》と呼ばれるタイプの石器が見つかっているという例もある。これは、九州の人々が朝鮮半島に渡った可能性を示している。

こうしたことから、この縄文海進の時期には、九州と朝鮮半島との交流が活発になったことが想定される。

しかし、なぜこの時期に、海をはさんだ両地域の交流が活発になったのかは不思議である。私は、この時期に海の範囲が広がることにより、人々の海への適応が進んだ結果ではないかと考えている。すなわち、海が広がったことにより、食料資源として海産物などへの関心が高まるとともに、海を移動するための船や航海の技術が高まり、海を越えた地域との交流を容易にしたという、そんな状況があったのではないか。

たとえば、大村湾に面した伊木力《いきりき》遺跡（長崎県）からは、曽畑式土器とともに、丸太をくりぬいて製作した丸木舟が出土している。こうした丸木舟を用いて、当時の縄文人たちは海を越えて活動していたのだと考えられる。

福岡平野は内海のラグーンだった

福岡が日本列島の表玄関となった理由は、朝鮮半島や中国大陸に近いということだけではなく、福岡平野自体が天然の良港であったということも大きいだろう。

福岡の博多《はかた》周辺は、かつては「那《な》の津《つ》」と呼ばれ、古代より港として栄《さか》えていた。その理由は、ここの地形が船を安全に泊めるのに適していたからだと考えられる。というのも、かつては福岡平野の内側まで大きく海が入り込んでおり、内海、すなわちラグーンを形成していたと推定されるからである。

そこでは、海岸部に陸橋のような細い砂地の土地（砂州《さす》）が形成され、その内側のラグーンと外海とをへだてていた。こうしたラグーンの様子は、京都府にある天橋立《あまのはしだて》や、北海道のサロマ湖のような地形をイメージするとよいだろう。そして、ラグーンの内側は波が穏やかであるため、船を停泊させるには絶好の条件である。

ラグーンの中は水深が浅いため、現代の大型の船にとっては座礁《ざしょう》のおそれがあり、停泊させるのに適しているとは言えないが、古代の船は喫水《きっすい》が浅かったので座礁の心配はない。そのため、むしろ古代にはラグーン地形が港として好まれたようである（古代の港の詳細については吉川弘文館刊拙著『よみがえる古代の港　古地形を復元する』を参照していただければ幸いである)。

かつての博多周辺の地形を描いたものとしては、鎌倉時代の頃の博多を描いたとされる『博多往古図』が有名である。これを見ると、今から八百年ほど前の鎌倉時代においてもラグーン地形があったことをはっきりと確認することができる。

この地図を見ると、海が内陸まで入り込んで「冷泉津《れいぜいつ》」と「草香江《くさがえ》」という二つのラグーンが形成されていることがわかる。このうち「冷泉津」は、現在の那珂川《なかがわ》の両岸の地域にあたり、その奥に「蓑島《みのしま》」という小島が描かれているが、これが現在の美野島にあたるだろう。つまり、美野島はかつて本当に「島」だったのである。また、「冷泉津」のラグーンに突き出した半島状の地形の上に住吉《すみよし》神社が営まれていたことがわかる。「冷泉津」と外海をへだてているのは細長い砂州であり、その先端は「洲崎《すざき》」と記されているが、これは現在の須崎《すざき》にあたり、位置的には福岡県立美術館がある須崎公園のあたりとなる。

「草香江」の入り口あたりには「荒津山《あらつやま》」という山が描かれているが、これは現在の西公園にあたる。その内側はラグーンとなっているので、現在の大濠《おおほり》公園はかつてのラグーンの名残《なごり》であることがわかるだろう。

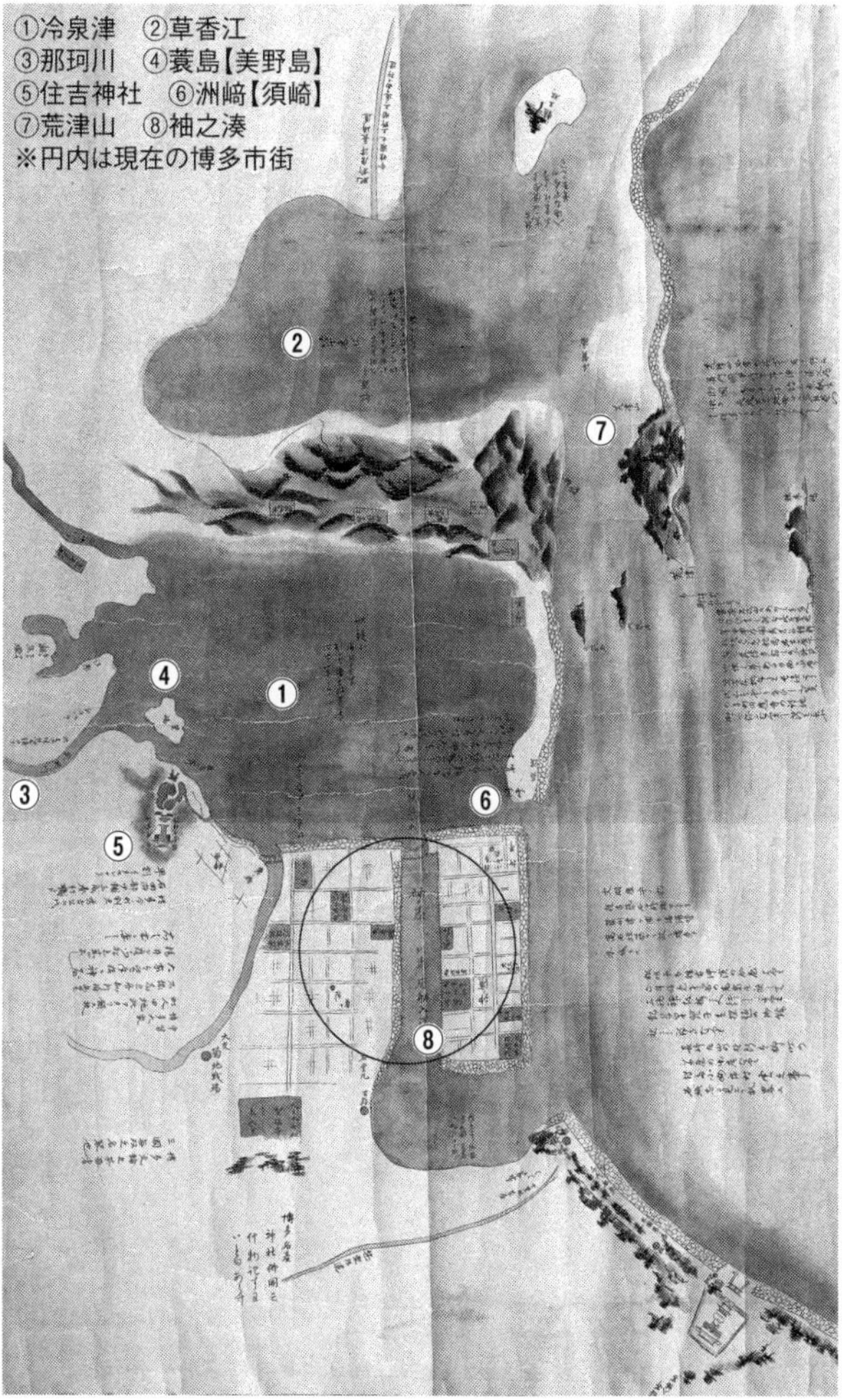

「博多往古図」(福岡県立図書館蔵)。江戸時代に作成された。福岡市内には「荒江」「片江」「田島」をはじめ、海を連想させる地名が多く残っている

こうしたラグーンはその後、埋め立てられて平野となってしまったが、それこそが現在の福岡の街の発展の原点であったと言うことができるだろう。

さらに福岡が地形的にめぐまれていたのは、このラグーン地形の外側である博多湾そのものが、巨大なラグーン地形を形成しているということである（二十頁地図参照）。

博多湾の入り口には志賀島《しかのしま》が位置し、九州本島とは海の中道《なかみち》でつながっている。海の中道は細い砂地の土地、すなわち砂州であり、このように島をつないで形成されるものを陸繋《りくけい》砂州と呼んでいる。同じような地形の例は、北海道の函館《はこだて》や神奈川県の江の島で見ることができる。そして、この長大な陸繋砂州としての海の中道が、博多湾全体を外海の波風から守る防波堤の役割を果たしているのである。

福岡が日本列島の表玄関となったのは、二重のラグーンを形成するほかに例のない、天然の良港として地形的にめぐまれていたからだと言えよう。

稲作を縄文時代からとした「板付遺跡」

少し前の日本史の教科書には、日本で稲作農耕が始まったのは弥生《やよい》時代であり、その前の縄文時代は狩猟採集がおもな生業《なりわい》であったと書かれていた。これは長らく考古学の定説

日本最古の水田の遺構をはじめ、用水路や堰などの灌漑施設も発見された板付遺跡。遺跡跡に立つ復元された竪穴住居（福岡市提供）

であったが、これをくつがえす発見があったのが板付《いたづけ》遺跡である。

板付遺跡は福岡市博多区にあり、福岡空港に近いところに位置している。ここは古くから弥生時代の遺跡として知られており、弥生土器や青銅製の矛《ほこ》や剣が出土していた。ところが、昭和二十五年（一九五〇）に、縄文時代晩期の土器である夜臼式《ゆうすしき》土器と、弥生時代前期の土器である板付Ⅰ式土器が見つかったことから、縄文時代から弥生時代にまたがって存在した遺跡であることが明らかとなった。

さらに昭和五十三年の調査では、縄文時代晩期の層位から、大区画の水田の遺構に加え、木製の農具や石包丁といった農耕に関連した遺物が見つかった。こうしたことから、従来の定説をくつがえし、日本列島では縄文時代晩期から水田稲作農耕がおこなわれていたことが明らかになったのである。そして、昭和五十五～五十六年に菜畑《なばたけ》遺跡（佐賀県）でも縄文時代晩期の層位から水田遺構が発見されたことから、稲作の開始が縄文時代までさかのぼることは確実となった。

それまでの考古学の定説では、農耕の技術や金属器（青銅器・鉄器）の技術を持った渡来人が中国大陸、もしくは朝鮮半島から海を渡ってやってきて、日本列島に農耕文化をもたらし、そこから弥生時代が始まったとされてきた。こうした考え方は、大陸・半島の文化を先進的なものとし、縄文時代の文化を後進的なものととらえる考え方が背景にあり、戦前の皇国史観における「天孫降臨」神話の考え方とも通じるところがあったのも否定できないだろう。

板付遺跡で稲作農耕が始まった時期に使われていた夜臼式土器は、縄文時代晩期に西日本一帯で広く用いられた刻目《きざみめ》突帯文《とったいもん》土器と呼ばれる土器の一種である。

この刻目突帯文土器は、縄文土器といっても縄目の文様（縄文）はなく、代わりに口縁部に刻み目が施された粘土の帯がめぐらされるのが特徴である。刻目突帯文土器の形状には、深鉢《ふかばち》と浅鉢という、口縁が開いたタイプのものしか存在せず、それは縄文土器の伝統的なバリエーションであった。しかし、板付遺跡の夜臼式土器には、深鉢と浅鉢に加え、新たに貯蔵用の壺《つぼ》がバリエーションに加わる。この壺は丸い胴部に、口がすぼまった口縁を持っており、朝鮮半島の無文土器と呼ばれる土器の伝統にその起源をさかのぼることができると考えられている。

夜臼式土器に続いて登場する弥生時代前期の板付Ⅰ式土器には、煮炊き用の甕《かめ》や、貯蔵用の壺、盛り付け用の鉢や高坏《たかつき》といった形状のバリエーションがあり、その製作技術にも朝鮮半島の技術の影響が強く見られるようになる。

こうした状況から、縄文時代晩期の夜臼式土器を用いていた人々は、もともと持っていた縄文文化の伝統を守りつつ、稲作農耕や貯蔵用の壺といった、朝鮮半島からの技術を部分的に取り込んでいったという様相が想定される。つまり、かつて考えられていたような高度な文化を持った渡来人が、後進的な文化の縄文人を放逐《ほうちく》し、弥生文化を広めていったというシナリオはあてはまらないだろう。むしろ、稲作農耕を受け入れたのは、もともといた縄文人であり、縄文時代から弥生時代への転換で主体的な役割を果たしたのは縄文人であったとする考え方が、近年では有力になってきている。

また日本列島を見渡しても、縄文文化から弥生文化へと転換していくのは地域ごとに差があることも明らかになってきた。

たとえば、板付I式土器をベースとして成立した遠賀川《おんががわ》式土器の文化は、弥生時代前期に九州から西日本一帯に急速に広がっていき、果ては青森県をはじめとする東北地方においても発見されている。一方で関東地方においては、弥生時代中期になるまで縄文土器の伝統の名残が続いており、弥生土器に縄目の文様が施されたものすら見つかっている。さらに関東地方においては本格的な水田稲作農耕がおこなわれるようになったのは、ようやく弥生時代中期頃ではないかと考えられている。

こうしたことから、弥生時代＝稲作＝渡来人という図式はもはや成り立たず、稲作や弥生文化を受け入れるか否《いな》かを決めたのは、縄文時代以来の文化を守ってきた各地域の人々であるということがわかってきたのである。そして、弥生時代の考古学のパラダイム転換のきっかけとなったのが、この板付遺跡での発見だった。

志賀島から中国との交流の証し「金印」を発見

志賀島から出土したとされる「漢委奴国王《かんのわのなこくおう》」の金印は、歴史の教科書に必ず登場するものであり、最も有名な考古学の遺物のひとつであろう。これは江戸時代に志賀島の甚兵衛

金印は縦横約2.4センチ、重さ約110グラム。金の含有率は95%近い。発見したと伝わる場所に造られた金印公園と園内にある印面を模したレリーフ

という人物によって農作業中に偶然発見され、筑前《ちくぜん》藩主であった黒田家に代々伝えられてきた。昭和五十三年（一九七八）に福岡市に寄贈され、現在は福岡市博物館で常設展示されている。

金印に刻まれた「漢委奴国王」の文字から、これは漢の皇帝から倭の奴国の王に与えられたものであると推定されている。中国の歴史書『後《ご》漢書《かんじょ》』には、建武《けんぶ》中元《ちゅうげん》二年（五七）に、光武《こうぶ》帝《てい》が倭の奴国の王に「印綬《いんじゅ》」を与えたことが書かれており、これこそが志賀島で発見された金印と考えられている。

奴国は、博多周辺にあったクニのひとつと考えられており、その中心地であったとされる須玖《すぐ》岡本《おかもと》遺跡からは、墳丘墓《ふんきゅうぼ》や甕棺墓《かめかんぼ》、

青銅器鋳造《ちゅうぞう》遺構などの遺構が見つかっている。また、銅剣・銅矛《どうほこ》・銅戈《どうか》といった青銅器や、大陸からもたらされたとする様々な種類の銅鏡、さらにはガラス製品などが出土している。おそらく奴国の王は大陸の漢帝国と交流をもつことで、こうした文物を入手し、さらには政治的には倭国の代表者としてふるまっていたことが想定される。

金印が見つかった志賀島は、博多湾の出入り口に位置しており、奴国の領域においても重要な位置にあったと思われる。そこには奴国の王の墓があったか、あるいは金印をささげる祭祀《さいし》の場があった可能性がある。

しかし、金印が発見されたのは江戸時代であり、考古学的な発掘調査で見つかったわけではないため、その発見の状況についてはくわしいことはわかっていない。金印を発見した甚兵衛による口上書が福岡藩に提出されており、そこには「二人で持つほどの石これあり」と記されていたことから、石による構築物、たとえば石室のようなものがあってそこに納められていたとも考えられる。

金印が発見された場所については、文献や地元の言い伝えを手がかりに、九州帝国大学の病理学者で考古学者でもあった中山平次郎が推定し、現在その場所は金印公園として整備されている。なお、この場所で昭和四十八~四十九年（一九七三~七四）に福岡市教育委員会と九州大学による発掘調査がおこなわれ、その後、何度か発掘調査が続けられたが、これまでのところ、金印に関連すると思われる遺構は見つかっていない。

しかし、奴国の「国宝」とも言うべき金印が志賀島に存在したという事実は依然として興味深い。なぜなら、志賀島は海の神である綿津見神《わたつみのかみ》をまつる志賀海《しかうみ》神社が所在する、いわば聖なる島であり、さらには古代の海人《かいじん》集団のひとつである安曇《あずみ》氏の根拠地であったからだ。

安曇氏は、綿津見神を祖とする氏族とされ、応神《おうじん》天皇によって海人集団の長として認められた。安曇氏は博多湾から壱岐《いき》、対馬を経由して朝鮮半島にいたる海上ルートを掌握していたのみならず、九州から畿内にいたる瀬戸内海の海上ルートなども掌握していたと考えられている。六六一年には、安曇氏の出身である阿曇比羅夫《あずみのひらふ》が、唐《とう》・新羅《しらぎ》の連合軍に攻められた百済《くだら》を救援するための派遣軍の将軍となり、六六三年には白村江《はくそんこう》で唐・新羅の連合軍と交戦し、あえなく戦死している。さらに時代が下った奈良時代には、安曇氏は宮内省の内膳司《ないぜんし》の長官を務めた。この職は、天皇の食事の調理をつかさどるのみにとどまらず、その食材を調達する「御食国《みけつくに》」として指定された国（たとえば淡路《あわじ》国）を治める役割も担ったのである。

奴国の金印が志賀島に存在したということは、奴国と安曇氏とのつながりを示唆《しさ》しており興味深い。あるいは弥生時代にこの地で繁栄した奴国の末裔《まつえい》の人々がその後、海人集団である安曇氏となり、海のエキスパートとして対外交流や海上交通において活躍したとも考えられるのである。

「魏志倭人伝」に登場する末盧国、伊都国、奴国、不弥国とは

邪馬台国《やまたいこく》とその女王、卑弥呼《ひみこ》のことを記した中国の歴史書『三国志』の「魏志倭人伝《ぎしわじんでん》」には、邪馬台国にいたるまでの道筋とその途中にあったクニのことが記されている。それによると、帯方郡《たいほうぐん》を出て、狗邪韓国《くやかんこく》、対海国《つかいこく》、一大国《いきこく》、末盧国《まつらこく》、伊都国《いとこく》、奴国、不弥国《ふみこく》、投馬国《とうまこく》を経て、女王のいる邪馬台国にいたると記されている。このうち帯方郡と狗邪韓国は朝鮮半島にあたり、そこから海を渡って、対海国は対馬、一大国は壱岐と、それぞれ推定することができる。

九州に上陸して最初のクニは末盧国である。「末盧」は「まつら」と読むと推定され、「松浦」から転じた語である可能性が高い。「松浦」は、現在では一般的には「まつうら」と発音されるが、もともとは「まつら」と読んでいたと考えられる。松浦は現在の佐賀県の玄《げん》

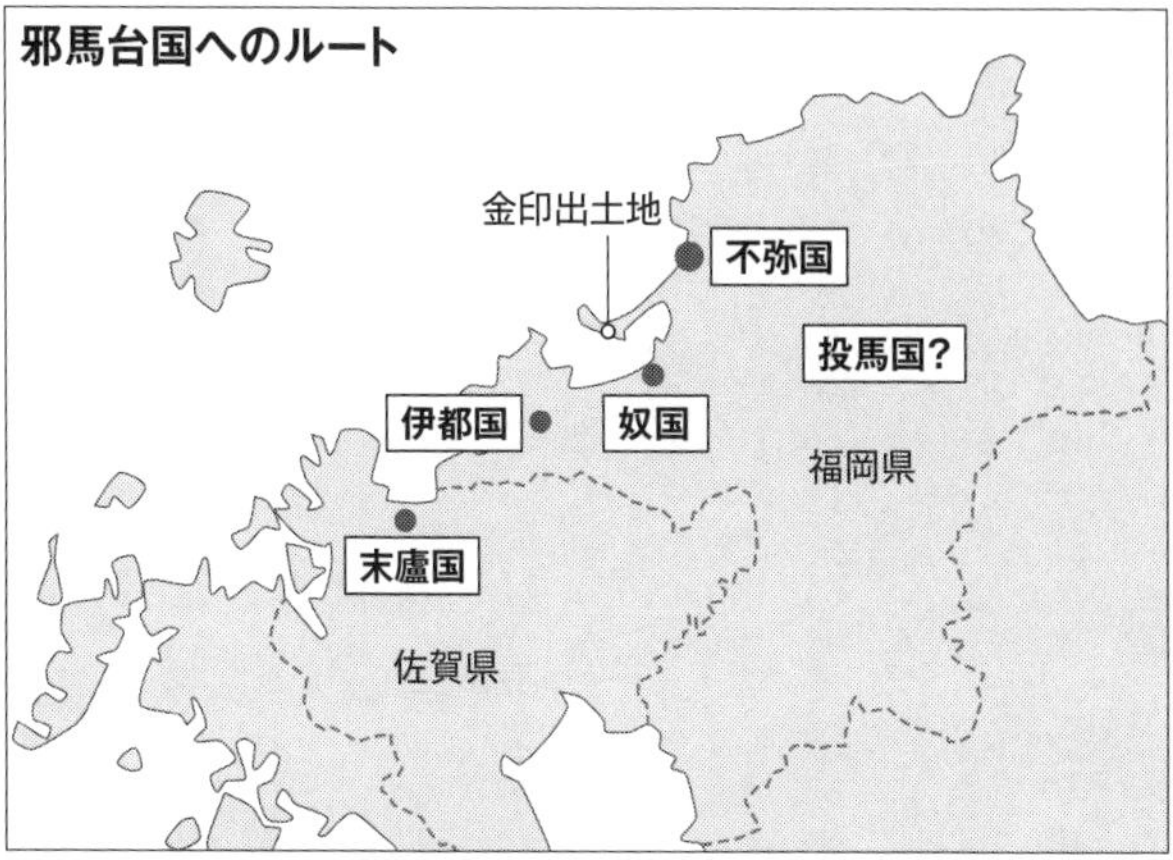

邪馬台国へのルートについては伊都国までは確定しているが、そこから『魏志倭人伝』の記述の通り進むと太平洋上に到達してしまう

界灘《かいなだ》に面した地域を指す地名であり、今日では松浦市の名が残されているが、唐津《からつ》市においても松浦川や松浦《まつら》潟《がた》という地名が残されている。

　唐津には、唐津湾に面して虹の松原と呼ばれる海岸砂浜が広がり、また松浦潟の地名が示すように、海岸の後背地はラグーン（内海）になっていたと想定され、天然の良港であったと考えられる。また、菜畑遺跡や宇木汲田《うきくんでん》遺跡といった弥生時代の遺跡が点在することから、末盧国はこの周辺にあった可能性が高いだろう。

　平安時代になると、この地域に「松浦党」と呼ばれる武士集団が登場し、水軍として活躍した。あるいは彼らは末盧国の人々の末裔《まつえい》であり、海のエキスパートとしてその後の時代においても活躍したのかもしれない。

九州に上陸して二番目のクニは伊都国である。「伊都」は「いと」と読むと考えられることから、糸島《いとしま》半島の周辺にあった可能性が高い。糸島半島は、現在は九州と地続きであるが、もともとは独立した島であり、島と陸の間が砂州によってつながった陸繋砂州である。

糸島半島周辺には、三雲南小路《みくもみなみしょうじ》遺跡や平原《ひらばる》遺跡といった弥生時代の遺跡が点在することから、伊都国はその周辺にあった可能性が高いだろう。特に平原遺跡からは、直径四十六・五センチメートルの大型内行花文鏡《ないこうかもんきょう》が粉々に割れた状態で五面分、見つかっているほか、数多くの中国製の銅鏡が見つかっていることから、こうした文物を入手することができる有力な勢力がこの地にいたことをあらわしている。平原遺跡は、その出土した銅鏡の年代から、邪馬台国の時代よりも少し前の時代の遺跡と推定される。

なお、平原遺跡は在野の考古学者であった原田大六によって発見されたが、彼はこの遺跡を大日孁貴尊《おおひるめのむち》、すなわち天照大神《あまてらすおおみかみ》の墓であるとする大胆な説を提示した。この説は当時の考古学の学界においてはほとんど相手にされず、現在においても顧《かえり》みられることは少ない。しかし、原田は季節によって変化する太陽の運行と遺跡の立地との関係についても指摘しており、そうした天文考古学的な観点から彼の業績を再評価しようという動きも、近年には見られる。

伊都国の次のクニは奴国である。奴国は『後漢書』にも記載があることから、中国大陸の人々の間でもすでに知られていた可能性が高い。「奴」は「な」と読んだと考えられることから、かつて那の津、すなわち「なのつ」と呼ばれた博多周辺であった可能性が高い。その中心的な遺跡としては、弥生時代の中期から後期にかけて繁栄した須玖岡本遺跡などをあげることができる。

奴国の次のクニ、不弥国の所在地については様々な候補地があげられている。不弥は「ふみ」と読むと考えられることから、その候補地としては宇美《うみ》（糟屋郡宇美町）や穂波《ほなみ》（飯塚市）などがあげられる。それとは別に、太宰府《だざいふ》周辺や箱崎《はこざき》周辺とする説もあり、定まっていない。

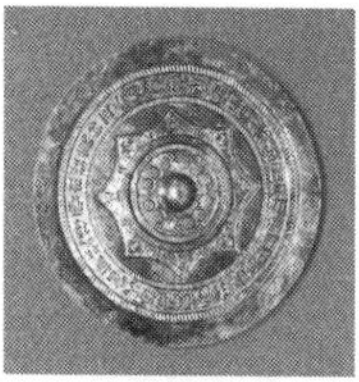

立岩遺跡から出土した前漢時代に製作された鏡「前漢鏡」（飯塚市歴史資料館蔵）

このうち私が注目するのは、穂波と呼ばれる場所の近くに立地する飯塚市の立岩《たていわ》遺跡である。この遺跡からは弥生時代の甕棺墓群が見つかり、そこから中国製の銅鏡や銅矛、鉄剣、さらには貝製の腕輪といった遺物が出土した。貝製の腕輪は、沖縄周辺の海でしか採ることができないゴホウラと呼ばれる大型の貝類を材料としていることから、立岩遺跡の人々は沖縄方面の人々と何らかの交流を持っていた可能性を示唆している。立岩遺跡の全盛期は弥生時代中期であり、邪馬台国の時代よりは前の時代ではあるが、立岩遺跡を残した人々の末裔が後の不弥国の勢力となった可能性はあるだろう。

「魏志倭人伝」によると、不弥国の南に投馬国があり、さらに南に進むと邪馬台国にいたると記している。邪馬台国九州説をとる論者には、飯塚市の南にあたる甘木《あまぎ》・朝倉周辺をその候補地とみなす人が多い。一方で邪馬台国畿内説をとる論者は、投馬国、邪馬台国へいたる方角が「南」ではなく「東」であったと解釈し、瀬戸内海を経て畿内にいたるとみなす人が多い。不弥国の所在地をどこと見るかによって、その先の邪馬台国にいたるルートも変わってしまう。そのため、そのルートについては今なお議論が定まっていない。

邪馬台国九州説の中心地「甘木・朝倉」

邪馬台国がどこにあったのか。これは古代史の中でも最も有名で、また人気のある論争である。その論争はすでに江戸時代から始まっており、新井《あらい》白石《はくせき》や本居宣長《もとおりのりなが》といった学者たちがその所在地について考察をおこなっている。明治時代になると、東京帝国大学の白《しら》鳥庫吉《とりくらきち》らが主張する「九州説」と、京都帝国大学の内藤湖南《ないとうこなん》らが主張する「畿内説」に二分され、今日にいたるまで多くの研究者によって議論が続けられている。

こうした所在地に関して論争が起きる原因は、邪馬台国について記述した『三国志』の「魏志倭人伝」において、肝心の邪馬台国の位置に関する記述が、あいまいというか、いろいろな解釈の余地を与えるものとなっているからである。

現在、「九州説」を主導する研究者のひとりとして安本美典《やすもとびてん》氏があげられる。氏のもともとの専門は心理学であったが、統計学を応用して「魏志倭人伝」や『古事記』『日本書紀』の神話といった史料を分析し、そこに登場する地名の多くが九州に分布することから、邪馬台国は九州に所在したと推定した。そのうえで、それは九州の甘木・朝倉地域周辺にあったとする説を唱えた。

邪馬台国「甘木・朝倉説」の議論は多岐にわたるが、要約すると次の三点にまとめられる。

- 甘木・朝倉地域には「甘木」をはじめとする「天」と関係する地名が多く、ほかにも「岩屋」「岩戸」など神話に登場する地名が多く分布する。
- 甘木・朝倉地域の弥生時代の遺跡からは、青銅器や鉄器、絹といった当時の貴重な文物が数多く出土している。

● 甘木・朝倉地域には稲作に適した平野部が広がり、かつ交通の要衝でもある。

このうち特に一点目については、氏独自の視点であり分析であると言える。これについて、氏はさらに甘木・朝倉地域の周辺には畿内の地名に驚くほどの酷似《こくじ》があり、発音がほとんど一致しているだけでなく相対的な位置関係もほとんど同じであることを指摘している。

たとえば、御笠山《みかさやま》（三笠山）、香山《こうやま》（香久山《かぐやま》）、三輪《みわ》、雲梯《うなて》などの地名だ。これはアメリカやオーストラリアなど、イギリスからの移民がおこなわれた国々にイギリスと同じ地名があるのと同じであり、この地にあった勢力が畿内に移った時に地名も一緒に移ったものと考えられる。つまり、甘木・朝倉地域にあった邪馬台国の勢力が、畿内の大和《やまと》盆地に移動してヤマト政権になったというシナリオが想定されるのである。

二点目に関連して、実際に甘木・朝倉地域には弥生時代の大規模な遺跡が多く分布している。中でも平塚川添《ひらつかかわぞえ》遺跡は、弥生時代中期から古墳時代前期にかけて存続した環濠《かんごう》集落であり、およそ十七ヘクタールの範囲に三百軒あまりの竪穴《たてあな》住居の遺構と百軒あまりの掘《ほっ》立柱《たてばしら》建物の遺構が見つかっており、その周囲は何重もの濠《ほり》で囲われていたことが明らかと

「邪馬台国九州説」の第一人者が指摘した比定地、平塚川添遺跡の環濠と復元建物（朝倉市教育委員会提供）

なっている。この遺跡が存続した時期は、まさに邪馬台国があったとされる時期に相当し、仮に邪馬台国が甘木・朝倉地域に所在したとすれば、ここはその中心的な集落のひとつであった可能性が高い。

このように邪馬台国「甘木・朝倉説」は、魅力的なものであるが、近年の考古学的成果を参照すると、私個人としては、邪馬台国の所在地は大和盆地の纒向《まきむく》遺跡周辺である可能性が高いと思っている。その根拠はいくつかあげられるが、特に近年の研究で示されている古墳時代の開始時期が、邪馬台国の女王である卑弥呼が死去したとされる西暦二四八年に近い時期か、あるいはそれよりさかのぼる可能性が高くなってきたことである。

これまで「魏志倭人伝」に書かれた邪馬台国の時代は、考古学的には弥生時代後期にあたると考えられてきた。弥生時代はその後期にいたるまで、近畿地方に比べて北部九州の方が青銅器や鉄器の出土量も圧倒的に多く、より繁栄した地域であるとされる。しかし、古墳時代になると、青銅器や鉄器の出土量は近畿地方で増大し、北部九州のそれをしのぐようになる。もし邪馬台国の時代が古墳時代に相当するなら、日本列島の政治的な中心地としては畿内地域を想定するのが妥当であるからだ。

一方、それでも依然として、なぜ弥生時代から古墳時代にかけて、九州から畿内へのパワーバランスの転換が起こったのかについては、明確な解答は示されていない。あるいは安本氏が言うように、九州の勢力が畿内に「東遷」することによってヤマト政権が成立したのかもしれないし、あるいは吉備《きび》や出雲《いずも》といった他の地域の勢力も関与することによって、ヤマト政権が打ち立てられたのかもしれない。こうした邪馬台国およびヤマト政権の成立過程についてはまだまだ解明すべき謎が多く残されており、今後の考古学的な調査の進展が期待されるところである。

呉が九州で人狩りをしようとしていた？

『三国志』の時代、中国大陸は魏・呉《ご》・蜀《しょく》の三つの国に分かれ、それぞれが覇権を争っていた。日本列島では弥生時代の終わりから古墳時代の初めにかけての時期にあたり、邪馬台国が存在したとされるのはちょうどこの時期である。

このうち、孫権《そんけん》が率いる呉は、中国大陸の南部を支配し、ライバルである魏に匹敵する広大な領土を有していた。しかし、「中原《ちゅうげん》」と呼ばれる、生産力が高く人口の多い黄河下流域をおさえていた魏に比べると、呉は国力の面で劣勢にあった。とりわけ、この時代の国力の源《みなもと》は人口であり、その不足を補うことは呉にとって死活問題であった。

そのため呉の黄龍《こうりゅう》二年（二三〇）、孫権は将軍衛温《えいおん》と諸葛直《しょかつちょく》に兵一万を与えて、「夷洲《いしゅう》」と「亶洲《せんしゅう》」に遠征軍を向かわせ、そこの住民を連れ帰ってくるよう命じた。いわば、「人狩り」をしてこいという命令である。

このうち「夷洲」については、台湾にあたるとする説が有力である。また「亶洲」については、秦《しん》の始皇帝に命じられて不老不死の薬を探すべく海を渡った徐福《じょふく》がたどり着いた島といわれており、その位置については諸説あるが、日本列島にあたるとする説もある。なお、徐福にまつわる伝説は、和歌山県・三重県の熊野地域など日本列島の各地に残されている。

結局、この遠征は失敗に終わり、遠征軍の兵の多くは疫病《えきびょう》によって死亡し、またついに亶洲にたどり着くことはできずに、わずかに夷洲から数千人の住民を連れ帰ってくるだけにとどまった。この作戦の失敗の責任を問われて、衛温と諸葛直は孫権の手によって処刑されている。

このように失敗には終わったものの、呉は日本列島への遠征を計画して実行しようとしていた可能性は否定できない。というのも、三国志の動乱の時代に、その隣接した地域にあった日本列島の存在は地政学的にも無視できないものであったからである。

実際に、呉のライバルであった魏もまた、邪馬台国との外交的な関係を構築しようとしていた。「魏志倭人伝」によると、景初《けいしょ》二年（二三八）に邪馬台国の女王、卑弥呼の使いである難升米《なんしょうめ》が、魏の皇帝である明帝《めいてい》（曹叡《そうえい》）に拝謁《はいえつ》した。明帝はそれを歓迎し、卑弥呼を「親魏倭王」として認めたとある。「親魏倭王」とは、すなわち「魏と友好関係を結んだ倭国の王」という意味であり、外交関係の樹立を意味している。

魏にとっては、倭国を自分の味方にすることによって、対立する呉の包囲網の一端とすることを意図していたのではないかと推測される。というのも、日本列島は海をはさんで呉の対岸にあるため、そこをおさえることは呉に対する牽制《けんせい》となる。あるいは数年前に呉が日本列島への遠征を企《くわだ》てていたというニュースも届いていたのかもしれない。呉に取られる前に、自国の勢力圏に入れるのが得策と考えたのであろう。

一方で邪馬台国の卑弥呼にとっても、魏の勢力圏に入ることは安全保障上の戦略のひとつととらえた可能性が高い。というのも、それまでの日本列島は、朝鮮半島の帯方郡を支配していた公孫氏《こうそんし》の影響下にあったと考えられるからである。公孫氏は、黄巾《こうきん》の乱以来の混乱に乗じて、遼東《りょうとう》地方に半独立政権を樹立した勢力で、二〇四年に朝鮮半島に帯方郡を設置して、朝鮮半島および日本列島に地政学的な影響力をおよぼしたと考えられるが、二三八年に魏によって滅ぼされた。卑弥呼が魏に接触を試みたのは公孫氏の滅亡の直後であり、それはいち早く魏に恭順の意を示すことにより、自国の安全の保障を求めるという

鏡を掲げる卑弥呼像（大阪府立弥生文化博物館蔵）

意図があったものと推測される。さらには、呉が日本列島の遠征を試みたという情報を、卑弥呼は入手していたのかもしれない。いずれにせよ、卑弥呼という人物は巧《たく》みな外交手腕の持ち主であった可能性が高い。

その後、魏はその重臣であった司馬炎《しばえん》によって取って代わられ西晋《せいしん》となったが、卑弥呼の後を継いで邪馬台国の女王となった壹與《いよ》もまた、西晋に使いを送っており、先代の外交方針を継承していたことがうかがわれる。その後、西晋は呉を滅ぼして中国大陸を統一したが、二九一年には八王の乱が起こって大陸は内乱状態に逆戻りしてしまった。その結果、中国大陸の歴史書からも日本列島に関する記述がしばらくの間、途絶えることとなったのである。

朝鮮半島と倭を結ぶ鉄の道

日本列島で鉄の使用が始まるのは弥生時代前期と考えられている。昭和三十年（一九五五）に熊本県の斎藤山《さいとうやま》遺跡から夜臼式土器、板付Ⅰ式土器とともに鉄器が発見されたことから、少なくとも弥生時代の最初期にはすでに鉄器が日本列島にもたらされていたことが明らかにされた。

日本列島にもたらされた鉄の起源は、朝鮮半島、さらには中国大陸にまでその由来をたどることができるだろう。しかし、当時の日本列島の人々にとって、鉄の直接的な入手元は朝鮮半島であった可能性が高い。そのことを示す資料として『三国志』の「魏志韓伝」の記述があげられる。これは「邪馬台国」の記述があることで有名な「魏志倭人伝」と同じ歴史書の朝鮮半島について書かれた書であり、朝鮮半島東南部にあった「辰韓《しんかん》」という国について「国には鉄が出て、韓、濊《わい》、倭がみな、従ってこれを取っている」という記述がある。

「魏志韓伝」で描写された時代は、日本で言えばおよそ弥生時代後期から古墳時代前期にかけての時期にあたると考えられるが、この時期の倭の人々、すなわち日本列島の人々は、朝鮮半島におもむいて鉄を入手していたことを示唆している。

しかし、弥生時代の日本列島においては、まだ鉄が広く普及されていたとは考えにくい。遺跡から出土する鉄器は、そのほとんどが北部九州に集中しており、それ以外の地域ではあまり普及していなかったようである。これは、やはり弥生時代になって日本列島にもたらされた青銅器が、九州のみならず西日本から東海地方にいたるまで広く分布し、銅矛や銅鐸《どうたく》といった道具を作る原材料として用いられたことに比べると対照的である。

このことは、鉄と青銅が金属として違う特性を持っていることと関係している可能性が高い。青銅は鉄に比べ、低温で加工することができる半面、鉄よりももろいため、武器や農工具として利用するには問題があった。そのため、銅矛や銅鐸といった、祭祀《さいし》で使われる象徴的な道具の原材料として選ばれた。そして、それらは比較的、容易な技術で製作することができたため、弥生時代から日本列島の広い範囲で普及するようになった。

かたや、鉄は高温で加工する必要があるため、高い技術が求められるのに加え、強力な武器や丈夫な農工具を作ることができる。つまり、戦略物資としてより重要であったと想定されるのである。

弥生時代を通じて鉄器の出土が北部九州に集中するということは、朝鮮半島へおもむいて鉄を入手していたのはおもに北部九州の人々であり、日本列島内においてはその流通に関して独占的な地位を占めていたことを示している。

ここで不思議なことは、古墳時代になってから日本列島の政治的な中心地となる西日本の近畿地方において、弥生時代の遺跡からはほとんど鉄器が見つかっていないという事実である。もちろん、まったくないわけではないが、北部九州に比較すると、それは微々たるものと言わざるをえない。その後の古墳時代になると、近畿地方ではおもに古墳で大量

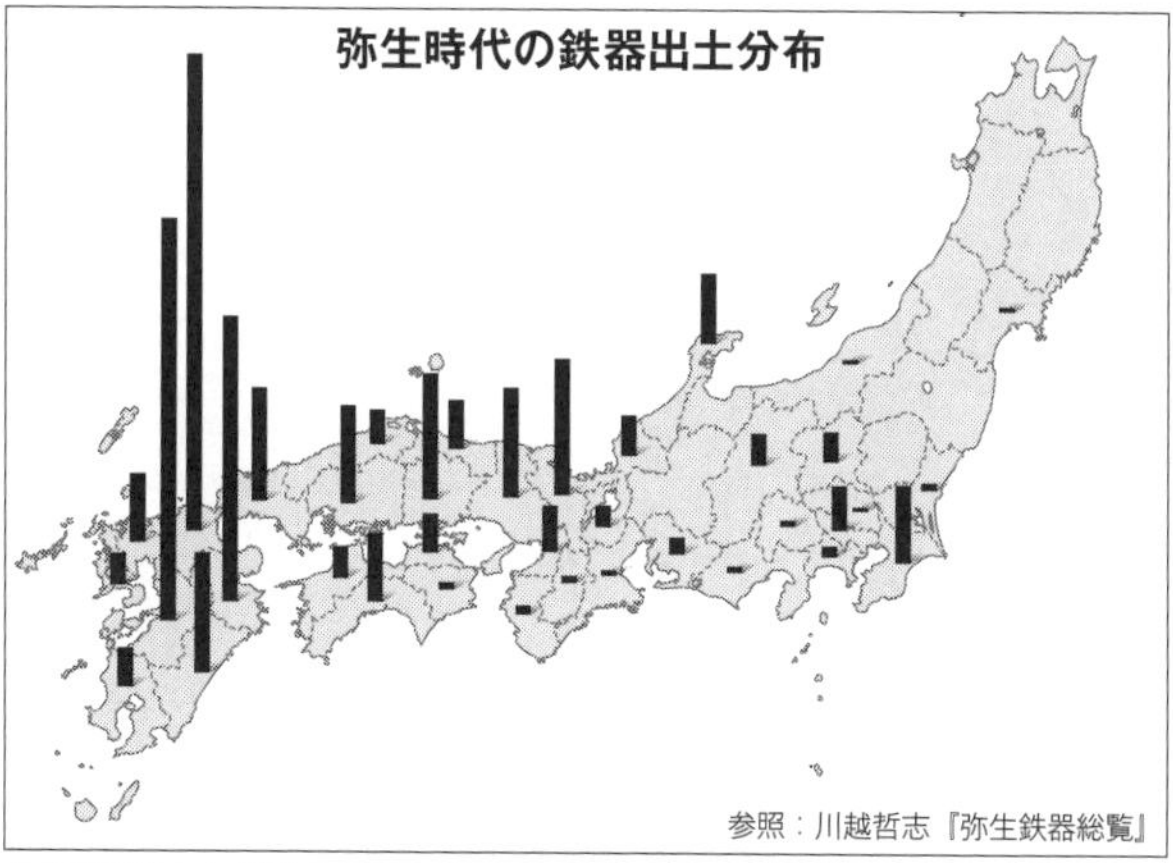

北部をはじめ九州地方が他の地域を圧倒している。独占的な入手ルートを持っており、鉄の技術の先進地域であったことは間違いあるまい

の鉄器が副葬されるようになり、一転して鉄の大量消費地へと転換する。この変化は一体何を意味するのだろうか。

この問題についてある研究者は、弥生時代の近畿地方においても北部九州と同じくらい鉄が普及していたが、何度も再利用し、消耗《しょうもう》するまで使い切っていたので、遺跡からはほとんど出土しないという仮説を提示している。

また近年では、近畿地方北部の日本海側の丹後地域において、弥生時代後期の遺跡から比較的まとまった量の鉄器が見つかるようになってきた。このことから別な研究者は、弥生時代後期に丹後地域の勢力が、北部九州の勢力とは別ルートで朝鮮半島から鉄を入手するルートを開拓し、それによって近畿地方にも鉄がもたらされるようになったという仮説を提示している。近畿地方における鉄の存在についてはまだまだ異論も多く、いずれも定説となるにはいたっていない。

ところで、日本列島に鉄がもたらされたのは弥生時代であるが、本格的な鉄の製錬が日本列島で始まったのは、せいぜい古墳時代後期（六世紀）ごろと考えられている。それは、いわゆる「たたら製鉄」と呼ばれるもので、磁鉄鉱や砂鉄を原料にした製鉄法である。それ以前は、鉄素材を再加熱して加工する、いわゆる鍛冶《かじ》によって鉄器を製作していたようだ。

そのため朝鮮半島から日本列島には、鉄はインゴット（のべ板）の形で持ち込まれ、日本列島内で鉄器に加工された可能性が高い。古墳時代中期の古墳からは鉄鋌《てってい》と呼ばれる分銅形の鉄板が大量に出土することがあるが、おそらく鉄の素材はこのような形のインゴットとして運ばれたと推測されている。

近年では、福岡県の博多遺跡群や長崎県壱岐のカラカミ遺跡などで、弥生時代の製鉄遺跡と考えられる痕跡が相次いで見つかっていることから、弥生時代の北部九州は、やはり鉄のテクノロジーについては先進地域であったことは間違いないであろう。

宗像神社と海の正倉院「沖ノ島」

平成二十九年（二〇一七）七月、第四十一回世界遺産委員会において「『神宿る島』宗像《むなかた》・沖ノ島《おきのしま》と関連遺産群」がユネスコ世界文化遺産に登録された。この遺産の中心をなすのが、「海の正倉院」とも呼ばれる沖ノ島である。

沖ノ島からは、三角縁神獣鏡《さんかくぶちしんじゅうきょう》や唐三彩《とうさんさい》、金製指輪、ペルシアのカットグラス碗《わん》など、ユーラシア大陸および朝鮮半島からもたらされたと考えられる古代の宝物が、ほぼ手付かずの状態で発見されている。これらの遺物は、古代におこなわれた沖ノ島の祭祀《さいし》においてささげられたものである可能性が高いと考えられている。こうした宝物の年代は、古墳時代の四世紀ごろから平安時代の九世紀ごろまでという、比較的長い年代にわたっており、いずれも国宝に指定されている。

また、沖ノ島は島全体が「神の島」、すなわちご神体であるとされており、宗像大社の三つの社のうちのひとつである沖津宮《おきつみや》が置かれている。宗像大社は、宗像三女神と呼ばれる「田心姫神《タゴリヒメ》」「湍津姫神《タギツヒメ》」「市杵島姫神《イチキシマヒメ》」の三柱の海の女神をまつる神社で、それぞれ沖ノ島の沖津宮、筑前大島《ちくぜんおおしま》の中津宮《なかつみや》、九州本島の宗像田島《たしま》の辺津宮《へつみや》にまつられている。

『古事記』や『日本書紀』によると、三女神はアマテラスとスサノオがおこなった誓約（占い）によって生まれたとされている。そして、アマテラスは三女神に、「九州から半島、大陸へつながる海の道（海北道中《かいほくどうちゅう》）へ降りて、歴代の天皇をお助けするとともに歴代の天皇から厚いお祭りを受けられよ」との神勅《しんちょく》を授けたとされている。つまり、玄界灘の航海の安全を担う神としての役割を与えられているのである。

沖ノ島はこのうち田心姫神のおわす地とされるため、今でも女人禁制の伝統を守っており、また男性であっても、毎年五月二十七日におこなわれる神事にたずさわる人だけが島に立ち入ることが許されているのである。世界遺産であっても、観光客はおろか、みだりに人が立ち入ることができないという点は面白い。

では、なぜ沖ノ島に、こうした古代の宝物が存在することになったのであろうか。言い換えるなら、いったい誰がこのような宝物を沖ノ島にささげたのであろうか。

多くの考古学者は、沖ノ島の祭祀は古代の国家的な祭祀としておこなわれたと考えている。そのことを示す一つの例が、沖ノ島の祭祀の初期の段階である四世紀ごろにささげられたと考えられる三角縁神獣鏡である。三角縁神獣鏡は、三世紀後半から四世紀にかけての古墳時代前期に特徴的な遺物で、おもに古墳の副葬品として見つかっている。三角縁神

年に一度、宗像三女神が会する「みあれ祭り」。航海安全や大漁を祈願する数百の漁船による勇壮なパレードである（©福岡県観光連盟）

獣鏡は近畿地方の大規模な古墳から数多く見つかっているほか、日本列島各地の大型の古墳から見つかることが多いことから、畿内にあったヤマト政権が、政治的に重要な地域の首長に配布したのではないかと推測されている。三角縁神獣鏡が沖ノ島のように古墳以外の場所から見つかることは珍しいが、それが沖ノ島にささげられたということは、畿内のヤマト政権がその祭祀に関与したのではないかと考えられているのである。

ヤマト政権が沖ノ島でこうした国家的祭祀をおこなった理由は、宗像から沖ノ島を経て朝鮮半島に通じる海の道である「海北道中」のルートを重視したためであろう。それは半島と列島を結ぶ航海の無事を祈るとともに、そのシーレーンの制海権を掌握《しょうあく》するという、地政学的な意味もあったと推測される。

しかし、私は沖ノ島の祭祀はヤマト政権が単独で成しえたものではなく、むしろこの地の勢力の協力があってこそ成しえたのではないかと考えている。そして、在地の勢力として想定されるのが、宗像三女神をまつる宗像氏と呼ばれる一族である。

『古事記』や『日本書紀』には、宗像神をまつる「胸形君《むなかたのきみ》」の名があり、これが宗像氏のことと考えられる。また『新撰姓氏録《しんせんしょうじろく》』によると、出雲神話に登場する大国主命《おおくにぬしのみこと》の神裔とされる。宗像氏は古代以来、宗像大社の大宮司家を務めていたが、中世以降に武士化し、戦国大名としても活躍する。その後、宗像大社第七十九代大宮司であり蔦ヶ岳《つたがたけ》城主の宗像氏貞《うじさだ》が天正《てんしょう》十四年（一五八六）に急死したことにより、宗像大宮司家は断絶した。

人類学者の金関丈夫《かなせきたけお》の説によると、胸や肩に刺青《いれずみ》を彫り込んだ、潜水漁を得意とする人たちが「胸肩《むなかた》」、あるいは「胸形《むなかた》」と呼ばれており、それが転じて「宗像」になったという。こうしたことから、この地の海に慣れ親しんだ海人の集団が宗像氏と呼ばれるようになったと考えられる。そして、彼らは朝鮮半島に通じる「海北道中」のシーレーンをも掌握していた可能性がある。

このことを示唆する記述が『日本書紀』にある。それによると、雄略《ゆうりゃく》天皇九年の三月に、天皇が自ら新羅へ遠征しようとしたところ、宗像の神がこれに反対し、天皇の遠征が中止されたことが記されている。ここで興味深いのは、宗像の神は天皇の軍事・外交活動にすら意見することのできる立場にあったことだ。これはつまり、海北道中というシーレーンを掌握していたのは宗像一族であり、その海域を航海するには、海人集団である宗像一族の協力が不可欠であったことをあらわしている。

そもそもヤマト政権は畿内地域を本拠地とする、いわば内陸の集団であり、船を製作したり、それを用いて航海したり遠征したりするには、宗像氏のような海のスペシャリストである海人集団の手助けなくしては成しえなかったのだろう。

ちなみに、天武《てんむ》天皇の息子である高市《たけち》皇子の母は、胸形君徳善《とくぜん》（宗像徳善）の娘であり、宗像氏の一族であったと伝えられている。高市皇子は壬申《じんしん》の乱で軍事の全権を委《ゆだ》ねられて父である天武天皇を補佐して活躍し、父の死後は持統《じとう》天皇のもとで太政大臣を務めた。なお、奈良時代になって藤原氏との政争に敗れ、非業《ひごう》の死を遂げた長屋王《ながやおう》（長屋親王）は高市皇子の長男であった。このように宗像一族の血縁を受け継いだ人々は、日本史の大きな流れにかかわる役割も与えられたのである。

地名に残る神功皇后伝説

神功《じんぐう》皇后は仲哀《ちゅうあい》天皇の皇后であり、応神《おうじん》天皇の母親と伝えられる人物である。『日本書紀』によると、仲哀天皇とともに熊襲《くまそ》を征伐する遠征に出かけ、筑紫国の橿日宮《かしいのみや》（香椎宮《かしいぐう》）に入ったが、そこであえなく天皇は急死する。これは神の託宣に従わなかったためにその怒りに触れたためといわれているが、一説には熊襲の矢が当たって暗殺されたともいわれる。皇后は天皇の遺志を継いで熊襲征伐を達成し、さらに返す刀で海を渡って新羅《しらぎ》を攻め、あわせて百済《くだら》、高句麗《こうくり》をも屈服させた（三韓征伐）。

その時、皇后は天皇の子を身ごもっていたが、お腹《なか》に月延石《つきのべいし》もしくは鎮懐石《ちんかいせき》と呼ばれる石をあててさらしを巻き、冷やすことによって出産を遅らせていたという。

朝鮮半島への遠征から帰国した皇后は、筑紫国の宇美《うみ》で誉田別尊《ほむたわけのみこと》、後の応神天皇を出産する。その後、畿内への凱旋《がいせん》を果たすが、そこでは天皇の長男と次男であり、誉田別尊とは腹違いの兄弟となる麛坂王《かごさかのみこ》と忍熊王《おしくまのみこ》が待ち構えており、皇后と誉田別尊を亡きものにしようとしていた。皇后は彼らの陰謀を予見し、その裏をかいて二人を討伐することに成功した。

香椎宮(福岡市提供)。境内にある御神木「綾杉」は神功皇后が西暦200年に植えたと伝わり、樹齢1800年を超える大杉である

そして、誉田別尊が天皇として即位するまでの間、摂政《せっしょう》として政治を執りおこない、「聖母《かみ》」とまで称されるようになった。皇后は神懸《がか》って信託を受ける巫女《みこ》(シャーマン)としての能力も持っていたとされる。こうした事績は、神話として書かれたという側面もあるため、誇張や脚色もあるかもしれないし、そもそも皇后が実在の人物であったことを疑問視する研究者もいる。一方で神功皇后に関連した伝説は日本各地に残されており、とりわけ、九州には以下のような伝承地が点在している。

●香椎宮(福岡市):仲哀天皇と神功皇后が滞在した行宮《あんぐう》(仮の御所)の橿日宮があった場所と伝えられる。ここで皇后は神懸って新羅を征伐するようにとの神託を受けたが、天皇はそれに従わずに熊襲征伐にこだわったため、神の怒りを受けて命を失ったと伝えられる。「三韓征伐」後、皇后はここに天皇をまつる廟《びょう》を造営し、それが現在の香椎宮になったと伝えられる。

●宇美（福岡県糟屋《かすや》郡宇美町）：宇美八幡宮が所在し、ここで皇后は誉田別尊を出産したことから、「産み」がその地名の由来になった。

●皇后石（福岡県築上《ちくじょう》郡吉富町《よしとみまち》）：皇后の船をつないだとされる石が、八幡古《はちまんこ》表《ひょう》神社の近くにまつられている。

●鎮懐石八幡宮（福岡県糸島市）：皇后が出産を遅らせるために腰に巻いたとされる鎮懐石をまつる。

●嬉野《うれしの》温泉（佐賀県嬉野市）：皇后が遠征から帰還した際に温泉を発見し、「あな、うれしの」と言ったことが、地名の由来となった。

●東風《こち》石《いし》（長崎県壱岐市）：三韓征伐の際、ここで皇后が船を走らせる追い風が吹くように神に祈ると、祈りが通じて石が割れた。その石は爾《に》自《じ》神社の境内にまつられている。

神功皇后はその後、息子である応神天皇とともに八幡《はちまん》神としてまつられ、信仰の対象となった。

八幡神をまつる八幡宮の総本社である宇佐《うさ》神宮（大分県宇佐市）では、八幡大神（応神天皇）、比売《ひめ》大神、神功皇后の三柱の神がまつられ、奈良時代には「宇佐八幡宮神託事件」において皇位の継承にまで関与するなど、朝廷にとって重要な信仰の対象となった。さらに平安時代になって宇佐神宮から勧進《かんじん》された京都の石清水《いわしみず》八幡宮が源　義家《みなもとのよしいえ》（八幡太郎）の崇敬を受けたことから、源氏の氏神《うじがみ》とされるようになり、中世以降、八幡神は武士の信仰の対象となり、その信仰は全国に広がっていくこととなった。

日本列島の各地に残る神功皇后の伝承は、こうした八幡神の信仰とともに広がり、各地で伝えられるようになったのであろう。

博多繁栄の礎になった袖の湊は平清盛が造ったのか

袖《そで》の湊《みなと》は、かつて平　清盛《たいらのきよもり》が造った人工の港であり、その後、中世になって博多へと発展していくことになったといわれている。しかし、近年の調査の進展により、その通説は再検討の余地があることが明らかになってきた。

袖の湊について最初に言及したのは、福岡藩の儒学者であった貝原益軒《かいばらえきけん》である。彼は『養《よう》生訓《じょうくん》』を書いた人物としてよく知られているが、『筑前国続風土記』という地理書も執筆

平氏は海上戦に強いという逸話から伝わった築港説？ 平清盛像（広島県提供）

しており、その中で「袖湊」という項目を立てている。そこでは「いにしへ博多にありし入海《いりうみ》を袖湊といふ、唐船《からぶね》の入し港なり」と記されている。「入海」は海が入り込んだ地形、すなわちラグーンのことを指し、「唐船」というのは外国船のことを指すと思われる。

貝原益軒はさらに、袖の湊の名は様々な和歌の中で詠まれていることを指摘している。たとえば、鎌倉時代の歌人である藤原定家《ふじわらのていか》は、後鳥羽《ごとば》上皇の命によって編纂された『千五《せんご》百番歌合《ひゃくばんうたあわせ》』の中に、「なくちどり そでのみなとを とひこかし もろこし舟の よるのめざめを」という和歌を収めている。

鎌倉時代の博多周辺の様子を描いたとされる『博多往古図』（三十一頁参照）を見ると、博多の街を南北に分断する東西の水路のようなものが描かれており、そこに「袖之湊」と書かれている。そして、そこに船をつないだと注記されていることから、この水路のような箇所が船の停泊地として用いられたと想定されたのであろう。

ただし、この『博多往古図』は江戸時代に描かれたものであり、また多様なバリエーションがあり、絵図によっては袖の湊の位置も定まっていないことから、その正確な位置については特定されていない。

袖の湊が平清盛によって造られたという話も、実はそれほど昔から言い伝えられていたことではない。九州考古学の草分けである中山平次郎（九州帝国大学教授）が、昭和二年（一九二七）に平清盛が日宋《にっそう》貿易の拠点として袖の湊を築いたという仮説を発表した。そして、袖の湊は現在の呉服町《ごふくまち》交差点あたりにあったと推定した。それがいつしか定説となって、袖の湊は平清盛が造った日本最初の人工の港、という話が一般的になったのである。

しかし、近年の博多遺跡群の発掘調査の進展により、袖の湊の推定地とされた呉服町交差点の周辺は、平清盛のいた時代である十二世紀前半にはすでに陸地化していたことが明らかとなった。そのため『博多往古図』に描かれたような水路は、平清盛の時代にはすでに埋まってしまっていた可能性が高い。

さらに、輸入陶磁器がまとめて捨てられた遺構などが現在の冷泉《れいせん》公園の近くから見つかっていることから、中世前半ごろの博多の港はその周辺にあった可能性が高いと考えられている。当時この周辺は当時の川（旧比恵《ひえ》川）の河口部にあたっていたと推定される。こうしたことから、ここは整った港湾施設ではなく、浜辺の船着き場のような場所であった可能性が高いだろう。

ここであらためて袖の湊の位置について考察すると、かつて「冷泉津」と呼ばれた、博多の平野の内陸にまで広がっていたラグーンそのものが、貝原益軒の言うところの「入海」であり、袖の湊とは、このラグーン一帯のことを指していたのではないかと、私は考えている。古代の港においては、自然のラグーンをそのまま利用したものが一般的である。袖の湊と呼ばれた港も、おそらくはそうしたものだったのではないかと思われる。

そのことを示すエピソードが、細川藤孝《ほそかわふじたか》（幽斎《ゆうさい》）が記した『九州道之記』という書物に書かれている。それによると、幽斎の歌道の弟子であった木下勝俊《きのしたかつとし》（長嘯子《ちょうしょうし》）が天正二十年（一五九二）に博多を訪ねた時に、宿の主人に「（古《いにしえ》の和歌にも詠まれた）袖の湊はどこだ」と尋ねたところ、宿の主人は「今は潮が満ちて海水は少しあるが普段は水がない」と答えた。それを聞いて長嘯子は「本当に外国船が停泊した港とも思えないことだ」と、自分が抱いていたイメージとの落差に驚いたという。

このことから、近世の初めごろにはすでに、かつてのラグーンはかなり陸地化が進み、もはや港としての機能を果たさないようになっていたことがうかがえる。

天然の良港「博多」はアジア世界の玄関口に

もともと博多の平野部には海が入り込んだラグーンがあり、天然の良港として機能していた。また朝鮮半島にも近かったため、先史時代から日本列島におけるアジア世界の玄関口としての役割を果たしてきた。

袖の湊が平清盛によって造られた港であるという通説には疑問があることは、すでに述べた通りではあるが、古代から中世にかけて博多がアジア世界に向かって開かれた玄関口であったことは間違いない。平清盛が日宋貿易を推し《お》進めたことから、平安時代末期には博多津の周辺に「大唐街《だいとうがい》」と呼ばれる、宋の商人の居留地が形成され、異国風の建物が立ち並んでいたといわれている。宋の商人の中には博多を拠点としてとどまった人も多く、彼らは「綱首《こうしゅ》」と呼ばれた。また彼らの手によって、茶・うどん・蕎麦《そば》・饅頭《まんじゅう》が日本に伝えられた。

鎌倉時代の元寇《げんこう》の際は、一時的にアジア世界との交流が途絶えたものの、ほどなく再開された。室町《むろまち》時代になると、足利義満《あしかがよしみつ》が日明《にちみん》貿易を推進したため、博多はその中心地としてますます栄《さか》えた。その後は守護大名である大内氏が博多の支配権を握り、彼らによって日明貿易が進められた。しかし、応仁《おうにん》の乱の後、日明貿易の新たな拠点として堺《さかい》が台頭し、博多に利権を持つ大内氏と、堺に利権を持つ足利将軍家および管領《かんれい》の細川氏との間の対立が高まった。その対立によって大永《たいえい》三年（一五二三）に寧波《にんぽー》の乱が引き起こされる結果となる。

大内氏はその後も遣明船を派遣するなど日明貿易を推進したが、天文《てんぶん》二十年（一五五一）に家臣の陶晴賢《すえはるかた》の謀反《むほん》によりあえなく滅亡し、博多の支配権は大友宗麟《おおともそうりん》の手に移る。

しかし、中世も終わりに差しかかるころには、博多の港としての機能に深刻な問題が生じ始めてきたと考えられる。その原因は、土砂《どしゃ》の堆積《たいせき》による浅海化である。

博多を天然の良港とならしめていたのはラグーンの存在が大きいが、そもそもラグーンは水深の浅い、湿地のような環境であり、河川が運んでくる土砂によって徐々に埋まっていく運命にある。鎌倉期あたりまでは、現在の美野島あたり、今の海岸線から二〜三キロメートルほど内陸まで海が入り込んでいたようであるが、中世の終わりくらいになるとかなり陸地化が進行していたようである。

そのころの御笠川《みかさ》（三笠川）は現在の堅粕《かたす》小学校のあたりで屈曲して西に流路を変え、博多駅のあたりを通り、商業施設「キャナルシティ博多」のあたりで那珂川と合流していたようである。中世末に博多を支配していた大友宗麟は、家臣の臼杵鎮続《うすきしげつぐ》に大規模な治水工事を命じ、御笠川を付け替えて、博多湾に直接流れるようにした。これは洪水対策や、御笠川をして博多を守る天然の水堀にしようという意図もあったと考えられるが、御笠川が運んでくる土砂の流入を防ぎ、ラグーンの陸地化を食い止めようという目的が重要だったのではないかと、私は考えている。

あわせて臼杵鎮続は、御笠川の旧河道を堀として整備した。これは房州堀《ぼうしゅうぼり》と呼ばれるが、工事を指揮した臼杵鎮続が安房守《あわのかみ》であったことにちなんだ名である。これは博多の街の南側を守る防御施設としての役割があった。

しかし、ラグーンの陸地化はとどまることなく、このころに当時の那珂川の河口部に土砂が堆積して中州《なかす》が形成され、これが現在の博多の一大繁華街となっている中洲のもとになったと考えられる。その後も、豊臣秀吉による太閤地割《たいこうじわり》の施行や、続く黒田氏による整備により、博多の市街地の整備にともなって、ラグーンの埋め立ても進められたと推測される。皮肉なことに、都市としての博多が発展するにつれ、天然の良港としての機能は失われていったのである。

このことを示すのが、ポルトガルやスペイン、オランダなどの南蛮船《なんばんせん》の動向である。ヨーロッパ人が用いていた船はガレオン船と呼ばれる大型船であり、喫水《きっすい》が深かったため、水深の浅い博多では座礁《ざしょう》するおそれがあった。そのため南蛮船は平戸《ひらど》や長崎といった、水深の深い港を停泊地として選んだ。自らの直轄地《ちょっかつち》である博多を通じて南蛮貿易を進めたかった秀吉は、ポルトガルの通商責任者であるドミンゴス・モンテイロに対し、平戸や長崎だけでなく、博多にも入港するよう言い渡すが、ポルトガル側はその要求を拒絶した。その理由は、イエズス会に寄進された港である長崎をポルトガル側が手放したくなかったという理由もあるが、水深の浅い博多の港を避けたかったというのも大きかっただろう。

その後、江戸幕府の鎖国政策によって、海外との交流は長崎に集約されることとなり、中国大陸（清《しん》）との貿易も長崎を介しておこなわれるようになった。そのため博多はいったん、アジア世界の玄関口としての地位を明け渡すことを余儀なくされたのである。

軍事・外交の拠点になった大宰府「鴻臚館」

大宰府《だざいふ》は「遠《とお》の朝廷《みかど》」と呼ばれるように、古代において強大な権限を与えられた機関であった。そのおもな役割は外交と防衛であるが、あわせて当時、西海道と呼ばれた九州全域の行政組織としての機能も担っていた。

大宰府の始まりは、史料によると六〇九年に「筑紫大宰《つくしのおおみこともち》」の文字が見えることから、飛鳥《あすか》時代にさかのぼると考えられるものの、その実態は明らかでない。ただ、六六三年の白村江《はくそんこう》の戦いで敗北し、唐による軍事侵攻の脅威が高まったため、天智《てんじ》天皇は水城《みずき》と呼ばれる土塁と、大野城と基肄《きい》城という二つの山城を築いて防備をかためた。この時期に大宰府に関連した施設が存在したという証拠は見つかっていないが、水城・大野城・基肄城が大宰府のあった場所を取り囲むように配置されていることから、この時期にすでに何らかの施設が存在した可能性はあるだろう。

その後、六七一年に初めて「筑紫大宰府」の記述が見えるものの、行政機関として整備されたのは奈良時代のころと考えられる。このころは、たとえば中央で失脚した藤原広嗣《ふじわらのひろつぐ》の左遷先になるなど、それほど重要な機関ではなかったようである。

しかし、大同《だいどう》元年（八〇六）に桓武《かんむ》天皇の皇子である伊予親王が大宰府の長官である大宰帥《だざいのそつ》に就任したことで、その政治的な位置づけが高められた。これ以後、大宰帥には親王が任命されるのが通例となったが、実際には親王は現地には赴任せず、次官である大宰権帥《ごんのそつ》が実務的な任にあたった。

大宰府には、畿内の平城京や平安京といった都城と同じように、碁盤《ごばん》の目のような街区、すなわち条坊があったと推定される。発掘調査の結果、その造営は奈良時代に始まるものの、その施行は部分的であり、平安時代の十世紀頃にようやく、東西約二・六キロメートル、南北約二・四キロメートルの条坊が整備されたようである。面積にすると平安京のおよそ四分の一程度であるが、その中枢である政庁の構造は、平城宮や平安宮と同じく朝堂院と呼ばれる形式をとっており、まさにもうひとつの「都」としての機能を持っていたことがうかがわれる。

ただ、大宰府は博多湾から十六キロメートルほど内陸に入ったところに立地しており、軍事的な防衛拠点としては都合がよかったが、外交の窓口としては不便であった。そのため、より海に近い位置に鴻臚館《こうろかん》と呼ばれる施設が設けられた。

鴻臚館の前身の施設は奈良時代には存在し、「筑紫館《つくしかん》」と呼ばれていた。これは唐・新羅・渤海《ぼっかい》といった外国の使節を迎える迎賓館《げいひんかん》兼宿泊所として機能し、使節はまずここに入館してから大宰府や都へ上ることとなっていた。

鴻臚館の名が史料に登場するのは平安時代、九世紀前半になってからである。平安時代になってからは、ここが貿易の拠点となった。その任にあたったのは唐物使《からものつかい》と呼ばれる朝廷から派遣された役人であり、すなわち官営の貿易であった。しかし、時代がくだるにつ

半世紀以上を経て、その所在地が明らかになった。礎石などの遺構を発見時のままの姿で公開している鴻臚館展示館の内部(福岡市提供)

れ、その実務は大宰府の役人に担われるようになり、地方豪族や有力寺社も取引に参加するようになった。

なお、鴻臚館がどこにあったかは長らく謎であった。博多の市街地にあったとする説が大正時代まで広く信じられていたが、九州考古学の草分け的存在である中山平次郎が、福岡城跡にあったという説を提唱した。彼は『万葉集』の中にある、遣新羅使の一行が筑紫館で詠んだ歌に着目し、筑紫館は志賀島《しかのしま》と荒《あら》津浜《つのはま》を同時に見渡せ、蟬時雨《せみしぐれ》や荒津の波音が聞こえる小高い場所にあったと推測した。そして、大正四年(一九一五)に福岡城跡で古代の瓦を採取し、学術雑誌に論文を発表した。しかし、当時そこは軍隊の駐屯地であったため、発掘調査をおこない、それを検証することができなかった。

戦後、福岡城跡には平和台球場が建設され、その際に瓦や陶磁器といった遺物が出土したが、正式な発掘はおこなわれなかった。昭和六十二年（一九八七）の球場の改修工事の際の発掘調査で、初めて良好な形で鴻臚館の遺構が出土し、中山の説がようやく証明された。

新発見！　対馬にあった秘密の港

国境の島として知られる対馬《つしま》は、朝鮮半島の南岸までわずか五十キロメートルほどしかなく、まさに目の前といっても過言ではない。実際に、対馬の北岸の見晴らしのよい高台からは、対岸の釜山《ぷさん》の街の明かりが見えるほどである。対馬から見たとき、九州の博多よりも韓国の釜山の方がはるかに距離的には近い。近年では、「手軽に行ける外国」として韓国からの観光客が多いが、彼らの多くはフェリーやジェットフォイル（高速船）でやってくる。まさに海から見た対馬は、韓国にとっては「近くの外国」、日本の本土にとっては「遠い離島」といった感じなのかもしれない。

その対馬の最北端の海岸に、近年になってこれまで知られていなかった秘密の港の遺構

現在も海からのルートしかなく、その存在が公にされることがなかった対馬にある秘密の港「矢櫃の入り江」

があることが明らかになった。

それは対馬の最も北にある港である鰐浦《わにうら》の西に位置する、矢櫃《やびつ》と呼ばれる入り江である。ここには、石積みの岸壁や石積みの突堤とおぼしき港に関連した遺構が残されているが、考古学的には未解明である。

この矢櫃については、日本側の文献記録にはいっさい登場しないが、十五世紀の朝鮮半島の文献のうち、『海東諸国紀』（一四七一年刊行）、『老松堂日本行録《ろうしょうどうにほんこうろく》』（成立時期は不明だが、十五世紀前半の様相を記す）、『成宗《せいそう》実録』（『朝鮮王朝実録』のひとつ、一四九九年編纂《へんさん》）に「也音非《ヤビツ》道」、あるいは「也音非《ヤビツ》梁」と記された港が記されている。そのうち『成宗実録』には沙愁那（佐須奈《さすな》）から二十里、完于羅（鰐浦）から七里の距離にあると書かれていることから、位置的には現在の矢櫃の入り江に相当する可能性が高い。

　また不思議なことに、『海東諸国紀』には也音非道（矢櫃）には「無人戸」、すなわち人家がない、と書かれている。こうしたことから矢櫃の港は、その存在は公《おおやけ》にされず、秘密にされてきたのではないかと想像される。

　今日でも、道がないので陸路で矢櫃に行くことはできず、海路だけが唯一のアクセスである。そのため矢櫃の遺構については本格的な考古学的調査はなされず、まさに「知る人ぞ知る」遺跡であった。平成三十年（二〇一八）、福岡市に拠点を置く特定非営利活動法人・アジア水中考古学研究所（代表：林田憲三氏）と、伊豆に拠点を置く海洋測量会社・ウインディーネットワーク株式会社が、共同で矢櫃の考古学的調査に乗り出し、私もその調査に参加する機会を得た。

　調査は、まずマルチビームソナーという機器を用いて水中地形測量を実施、ドローンを用いて陸上の地形測量をおこなったりすることで、矢櫃の遺跡とその周囲の正確な3Dの地形図を作成した。さらに、陸上の発掘調査や、スクーバ潜水による水中の遺構や遺物の確認調査をおこなった。その結果、陸上や水中から、中世から近世にかけての陶磁器などの遺物が見つかっている。その中には朝鮮半島で製作されたとおぼしきものも見つかっていることから、史料が示すように、朝鮮半島とのかかわりを持った場所であった可能性が高いと推測される。

では、なぜ矢櫃の港は日本側の記録には書かれず、朝鮮半島の史料にだけ登場するのであろうか。また、なぜその存在は長い間、知られなかったのであろうか。それを説明するひとつの仮説は、矢櫃は外国船専用港であった、というものである。

朝鮮半島側の史料が書かれた十五世紀に対馬を治めていたのは守護大名の宗《そう》氏である。そして、これらの史料が書かれる数十年前の応永二十六年（一四一九）には、応永の外寇という事件が起こっていた。これは倭寇《わこう》と呼ばれる海賊集団に悩まされていた李《り》氏《し》朝鮮の王朝が、倭寇の拠点のひとつとみなした対馬を攻撃した事件である。このとき宗氏は李氏朝鮮の軍隊と交戦し、これを追い返したが、倭寇の取り締まりに苦慮していたのは宗氏も同じであった。そのため、この事件後には李氏朝鮮の王朝と宗氏の関係はすぐに修復され、結果的に宗氏は日朝貿易の権益を独占することに成功したのである。

おそらく矢櫃の港が、日朝貿易に用いる港として整備されたのはこのころであろう。その後、戦国時代を経て近世になると、宗氏が治める対馬藩は日朝貿易にたずさわることを幕府から特別に許可され、その特権的な地位を保ち続けた。また江戸時代を通じて、将軍の代替わりごとに朝鮮通信使が来日するようになると、対馬はそれを最初に迎え入れる地域としての役割を果たした。

一方、江戸時代は鎖国の時代であり、日本人が容易に外国人と接触しないように配慮する必要があった。オランダと清は長崎の出島にのみ上陸することが許され、それによって日本人との接触を限定することができた。それと同様に、対馬においても住民との接触を避けるために、わざと人家がない入り江である矢櫃を、外国船専用港として用いたのではないかと推測できる。

実際に矢櫃に残された石積みの護岸の遺構を調べると、長い期間にわたって存続し、ところどころ補修しながら使い続けられた様子を確認できる。また陶磁器などの遺物で江戸時代のものと推定されるものも見つかっていることから、江戸時代にもここが使用されていたのは確かであろう。

この遺跡の調査は現在も継続中であり、今後、その謎の解明が進むことを期待したい。

第二章 「福岡」にある外国人受け入れの下地

金隈遺跡の高身長の遺骨は渡来した「弥生人」か

金隈《かねのくま》遺跡は板付《いたづけ》遺跡の東二キロメートルほどの、月隈《つきぐま》丘陵の上にある弥生《やよい》時代の遺跡で、弥生時代前期から後期にかけての埋葬遺跡である。ここでは三百基以上の甕棺《かめかん》（巨大な土器を用いた棺桶）が見つかっており、そこからこれまで百三十六体もの人骨が良好な状態で出土している。

この人骨について興味深いのは、高身長のものが多いという事実である。平均すると、男性が百六十二・七センチメートル、女性が百五十一・三センチメートルとなる。現代人に比べると小柄であるが、縄文《じょうもん》時代の人々の平均身長が男性で百五十八センチメートルくらい、女性で百四十八センチメートルくらいであったため、それよりは高身長の人々であったと考えられる。

こうしたことから金隈遺跡の人々は、渡来系の「弥生人」であった可能性が高い。

縄文人と、渡来系の「弥生人」は、その身体的な特徴が異なっていたと考えられている。一般的に縄文人は、顔が四角い輪郭で彫りが深く、二重瞼《ふたえまぶた》で体毛の濃い人が多かったのではないかと推定され、渡来系の「弥生人」は、顔が細長い輪郭で平たい顔立ちで、一重瞼《ひとえ》

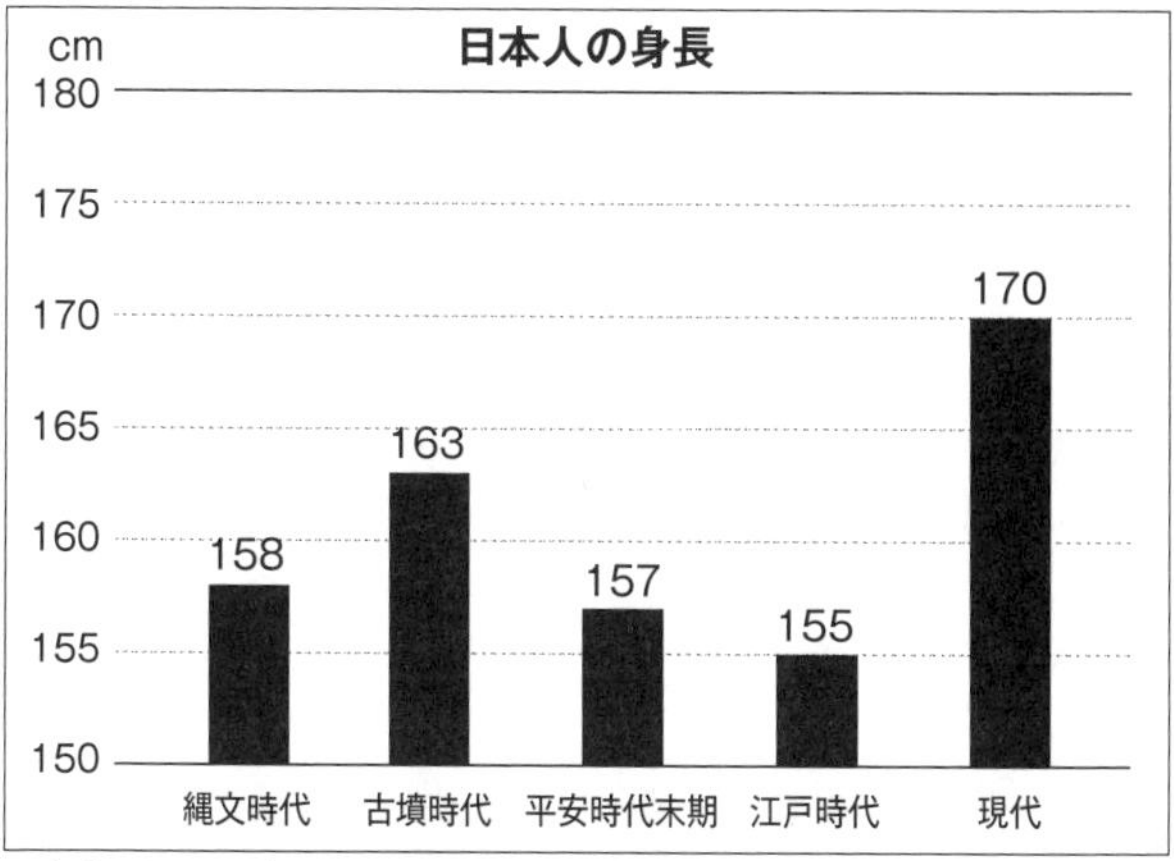

日本人はもともと小さかったわけではなく、平安時代以降に下がっていった。その理由には肉食の摂取を敬遠したからという説もある

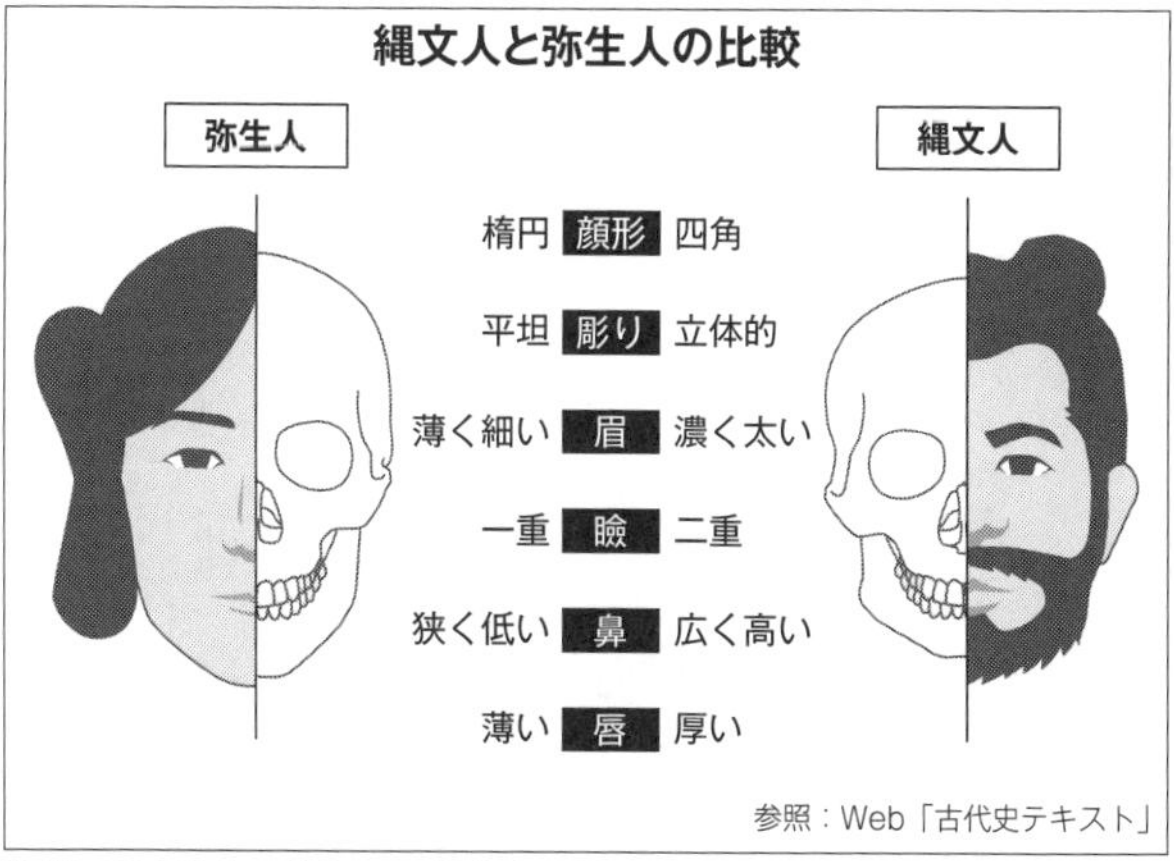

狩猟で得た動物の肉をかじる縄文人は顎がしっかりしていた。その後、主食がコメになって噛む力が弱まり、骨格が変わったという説もある

で体毛の薄い人が多かったのではないかと推定されている。金隈遺跡の人々は、こうした渡来系の「弥生人」の特徴を持っていたのではないかと考えられる。

しかし、弥生時代の人たちが、必ずしもこうした特徴を持っていたわけではないことが、遺跡から出土した人骨を分析することで明らかになってきた。

たとえば、長崎県の深堀《ふかほり》遺跡や浜郷《はまごう》遺跡、宇久松原《うくまつばら》遺跡からはあわせて百体ほどの人骨が出土しており、その平均身長は男性で百五十八・八センチメートル、女性で百四十七・九センチメートルとなっており、縄文人の平均身長と大差ない。またその身体的特徴も、彫りの深い顔立ちの人が多く、縄文人と共通する特徴を持っている。これらの人骨は甕棺や箱式石棺《はこしきせっかん》といった弥生時代に特徴的な埋葬方法で葬られていることから、間違いなく弥生文化を持った人々であった。

また、南九州には平均身長が男性で百五十四センチメートル、女性で百四十二・八センチメートルというさらに低身長で、彫りの深い縄文人的な顔立ちの人々がいたことも指摘されている。こうしたことから、弥生時代の九州においても、渡来系の「弥生人」が席捲《せっけん》していたわけではなく、縄文人の血を引く人々も数多く暮らしていたと推測されるのである。

金隈遺跡甕棺展示館（福岡市提供）。発掘現場に屋根をかけるように建てており、甕を棺とする「甕棺墓」を発見されたままの状態で見学が可能

なお、近年の研究では、長崎県の遺跡から出土したいわゆる「西北九州弥生人」の人骨に残された遺伝子を調べたところ、その遺伝的特徴は縄文人と現代日本人の中間に位置づけられることが明らかとなった。こうしたことから彼らは純粋な縄文人の子孫ではなく、渡来系の「弥生人」と混血していた可能性が指摘されるのである。

かつては、弥生時代になると稲作と青銅器・鉄器の技術を持った渡来人が中国大陸・朝鮮半島から日本列島にやってきて、縄文人やその文化と置き換わっていったとするシナリオが定説であった。しかし、近年の考古学の成果から、稲作はすでに縄文時代の晩期から始まっており、その主体は縄文人であったことや、関東地方においては弥生時代中期ごろまで縄文文化の要素が残っており、稲作も受け入れていなかったことが明らかにされてきた。つまり、縄文人と入れ替わるほど多くの渡来人がやってきたわけではなく、少数の渡来人が最初は北部九州にやってきて定着し、その後、在来の縄文人たちと交わっていくうちに、ゆっくりと日本列島の各地に広がっていったというシナリオの方が妥当である。

なお、金隈遺跡から出土した人骨の中には、沖縄方面にしか生息しないゴホウラと呼ばれる大型の貝を素材とした腕輪（貝輪）を身に着けていたものもあった。こうしたことから金隈遺跡の人々は南方の地域の人々とも交流を持っていた可能性が高く、遠隔の地域との交流を通じて、彼らの血も日本列島の各地に広がっていったと考えられる。

奴国の候補地「須玖岡本遺跡」は弥生時代のテクノポリスか

須玖《すぐ》岡本《おかもと》遺跡は金隈遺跡の南西約三キロメートル、板付遺跡の南約三キロメートルのところにある弥生時代中期から後期にかけての複合遺跡であり、『後漢書《ごかんじょ》』や『三国志』の「魏志倭人伝」に登場する奴《な》国の中心地であったと推定される遺跡である。

須玖岡本遺跡が最初に発見されたのは明治時代であったが、その時には巨石の下に甕棺があるのが見つかり、甕棺の中からは銅剣・銅矛《どうほこ》・銅戈《どうか》といった弥生時代の武器型青銅器や、三十面以上もの中国製の銅鏡、さらにガラス製の璧《へき》や勾玉《まがたま》・管玉《くだだま》が見つかったといわれている。これらの遺物はその後、八木《やぎ》奘三郎《そうざぶろう》や中山平次郎、島田真彦といった考古学者によって分析されたが、巨石の遺構や甕棺は失われて存在せず、その詳細はわかっていない。しかし、その状況から墳丘を持った大規模な墓であり、奴国の王のひとりの墳墓であった可能性が高い。また出土した銅鏡は中国の前漢の時代に製作されたものと推定されるため、この墓は弥生時代中期のものであった可能性が高い。『後漢書』に登場する、光武帝《こうぶてい》より印綬《いんじゅ》を授けられた王は、後漢の時代の人物であるため、この墓の王はそれよりも前の代の王であったとされる。

須玖岡本遺跡ではこの「巨石下甕棺墓」のほかに、百基以上の甕棺墓群が見つかっているほか、木で作った棺桶を納めた木棺墓や、穴を掘ってそこに直接遺体を納めた土壙墓《どこうぼ》など、あわせて約三百基の墓の遺構も見つかっている。墓の規模や形式に格差があることから、亡くなった身分に応じて異なったランクの墓に葬られたという様相を想定することができ、王や貴族、平民といった身分ごとに分かれた、階層化された社会であったことが推測される。

また、須玖岡本遺跡の共同墓地の遺構の西側では、青銅器の生産遺跡が見つかっている。ここからは銅剣や銅戈といった青銅器を製作する際の土製の鋳型が出土している。このうち銅剣の鋳型については、有柄式《ゆうへいしき》銅剣の柄《つか》の部分の鋳型片が見つかっており注目される。有柄式銅剣は柄の部分まで一体として鋳造された形式のもので、日本列島には朝鮮半島からもたらされたと考えられているが、この形式のものは中国の戦国時代に用いられたいわゆる「桃氏《とうし》の剣《けん》」や、イラン南西部で紀元前八〜七世紀ごろに作られた「ルリスタン青銅器」にその起源をたどることができるといわれているものである。こうした大陸由来の青銅器が弥生時代の日本列島で製作されていたことは驚きであり、奴国の人々の技術力の高さがうかがえる。

さらに近年では、ここから多《た》紐《ちゅう》細文鏡《さいもんきょう》の鋳型が出土してさらなる注目を集めた。多紐細文鏡とは、鏡の裏面にひもを通す穴（紐）が二、三個付いており、細線の幾何学文《きかがくもん》が施された銅鏡である。その最大の特徴は凹面鏡《おうめんきょう》であることである。弥生時代に日本列島にもたらされたほかの種類の鏡はすべて凸面鏡《とつめんきょう》であることからもその特徴は際立《きわだ》っており、一説によると太陽の光を集めて火を取るための道具だったのではないかともいわれている。これまで、この多紐細文鏡は朝鮮半島で製作されたものが日本列島にもたらされたと考えら

青銅は銅と錫の合金。弱い火力で熔解できた。奴国の丘歴史資料館にある青銅器工房のジオラマ（春日市教育委員会提供）

れていたが、この遺跡で鋳型が発見されたことにより、日本列島においても生産されていたことが確実となった。

　須玖岡本遺跡ではほかにも鉄器やガラス製品を製作したと考えられる遺構が見つかっており、ここが弥生時代の一大テクノポリスであったことが推測される。

　不思議なことに、須玖岡本遺跡には、板付遺跡や吉野《よしの》ヶ《が》里《り》遺跡（佐賀県）といった弥生時代の集落に見られるような、遺跡の周囲を取り囲む環濠《かんごう》は存在しなかったようである。しかも遺跡の範囲は南北約二キロメートル、東西約一キロメートルと広範囲に広がっていたようである。吉野ヶ里遺跡の大きさが、外側の環濠の範囲を測ると南北約一キロメートル、東西約〇・五キロメートルなので、須玖岡本遺跡の規模はその数倍にもおよぶことがわかる。
　私は、須玖岡本遺跡に環濠がないという事実を、この遺跡の先進性を示すものとして理解したい。すなわち、環濠に囲われた集落（環濠集落）は、外敵からの防備には優《すぐ》れているというメリットはあるが、集落としての土地利用が一定の範囲内に制限されるというデメリットがある。一方で環濠がない集落は、防備にはデメリットがあるが、平面的に自由に拡張していくことができるというメリットや、外部からやってくる人がアクセスしやすいというメリットがある。すなわち、都市的な景観を形成するには環濠は邪魔なのである。こうしたことから須玖岡本遺跡は、日本列島で初めて都市的な景観を成立させた集落だったのではないかと、私は考えている。

　畿内の大和《やまと》盆地においても、弥生時代の前期から後期にかけては大規模な環濠集落である唐古《からこ》・鍵《かぎ》遺跡が栄《さか》えたが、弥生時代の終末期から古墳時代の前期にかけてこの遺跡は衰退し、代わってその南東約六キロメートルのところに纒向《まきむく》遺跡と呼ばれる大規模な集落遺跡が営まれた。纒向遺跡では複数の運河の遺構が見つかっているが、環濠は見つかっていない。そして纒向遺跡の周辺はその後の畿内のヤマト政権の中心地となり、邪馬台国《やまたいこく》畿内説ではこれを邪馬台国の所在地と見なしている。

纒向遺跡の始まりは三世紀前半と考えられているが、須玖岡本遺跡ではその数百年前となる弥生時代中期にはすでに都市的景観を形成していた可能性がある。その意味においても、まぎれもなくここは日本初のテクノポリスであったのだ。

西新町遺跡は砂丘の上の交易都市だったのか

西新町《にしじんまち》遺跡は福岡市早良区《さわらく》にある弥生時代末期から古墳時代前期にかけての集落跡で、現在の福岡県立修猷館《しゅうゆうかん》高等学校の周辺一帯に所在している。この遺跡が立地する場所は、かつては博多湾に面した海岸の砂丘であったと推定されている。なお現在の西南学院大学のキャンパスの南側で、鎌倉時代の文永《ぶんえい》・弘安《こうあん》の役《えき》の時に築かれた元寇防塁の遺構が見つかっているが、鎌倉時代においてもこのあたりが海岸部であったことがわかる。すなわち、現在、福岡タワーや福岡市博物館がある周辺は近代になってから埋め立てられた土地なのである。

西新町遺跡で注目されるのは、五百棟あまり見つかっている竪穴《たてあな》住居のうち、その二割ほどが竈《かまど》を備えていたことだ。この遺跡が営まれたころ、竈を備えた住居は日本列島ではまだ一般的ではなく、竈を作る技術は朝鮮半島からもたらされた可能性が高いと考えられる。朝鮮半島では住居の屋内に竈を設置し、調理だけでなく暖房施設としての機能も兼ねていたと考えられ、いわゆる「オンドル」、すなわち床暖房の装置であったと推定される。

また西新町遺跡からは朝鮮半島系の土器が多数、出土していることも注目される。土器の多くは朝鮮半島の南西部および南部、現在の全羅道《ぜんらどう》から慶尚南道《けいしょうなんどう》にかけての地域で製作されたと考えられ、窯で焼いた瓦質《がしつ》・陶質の土器の壺《つぼ》や鉢《はち》と、甑《こしき》と呼ばれる竈で用いる蒸し器の土器が見つかっている。こうしたことから、実際に朝鮮半島の人々がこの地に住み、その生活スタイルにあわせた土器を使用していたことが推測される。

ほかにも、近畿・山陰・瀬戸内の地域で作られた土器も多く見つかっており、この集落には朝鮮半島からの人々のみでなく日本列島の各地からやってきた人々が暮らしていたことがうかがわれるのである。

西新町遺跡が繁栄したのは弥生時代末期から古墳時代前期にかけての時代であり、ちょうど「魏志倭人伝」で描かれた邪馬台国の時代にあたる。つまり、「魏志倭人伝」に登場する、奴国や伊都国《いと》が存在した同じ時代に、それまで無人の地であった砂丘の上に忽然《こつぜん》と姿をあらわした集落であると言うことができる。

さらに注目されるのが、西新町遺跡の西側に隣接して広がる藤崎《ふじさき》遺跡の存在である。ここは西新町遺跡の人々が埋葬された墓域ではないかと考えられている。ここでは古墳時代前期の前方後方墳や方墳など十九基が見つかっており、いずれも墳丘の大きさは十メートル前後、最も大きいものでも二十メートルほどと小規模なものであるが、三角縁神獣鏡《さんかくぶちしんじゅうきょう》をはじめとする豊富な副葬品が出土している。特に三角縁神獣鏡は、古墳時代の畿内に拠点を置いたヤマト政権が、日本の各地域の有力な首長に配布したものと考えられていることから、この鏡の持ち主はヤマト政権と近い関係にあった人物であったと想定できる。

つまり、西新町遺跡は畿内のヤマト政権の影響力のもと、博多湾沿岸に新しく築かれた集落だった。そして、その背景には博多湾沿岸地域における対外交易の中心地をめぐるパワーバランスの変遷があったのではないかと考えられる。

弥生時代においては、現在の博多周辺にあったとされる奴国の勢力と、糸島《いとしま》半島周辺にあったとされる伊都国の勢力の二つが、朝鮮半島や中国大陸との対外交易における主役であったと考えられる。これらはいわば北部九州の伝統的な勢力と言える。

しかし、古墳時代になると畿内のヤマト政権が日本列島の広い地域に影響をおよぼすようになり、それは北部九州も例外ではなかった。そして、ヤマト政権は自らの影響下にお

島近辺の海中からは「碇石」と呼ばれる船の一部が見つかっており、交易船が訪れていた証拠とされている。沖ノ島遠景(©福岡県観光連盟)

いて対外交易をおこないたいと考えていた。そのため、伝統的な在地の勢力である奴国や伊都国ではなく、新しい交易の中心地をつくる必要があった。こうした政治的背景のもとで、新しい交易都市として西新町遺跡の集落が築かれたのではないかと想像することができる。西新町遺跡が奴国と伊都国のほぼ中間地点に立地するのも、そうした事情を反映しているのではないだろうか。

こうして西新町遺跡は、古墳時代前期の前半においては、北部九州の対外交易の中心地としての役割を果たしていたと想定される。しかし、不思議なことに古墳時代前期の後半になると、集落は急速に衰退していったようである。

この背景には、交易ルートの変化があったと考えられる。古墳時代前期の後半になって、北部九州で表舞台に登場したのが宗像《むなかた》地域である。宗像地域の沖合にあり、「海の正倉院《しょうそういん》」と呼ばれる沖ノ島《おきのしま》では、古墳時代前期の後半ごろから三角縁神獣鏡をはじめとする文物を奉納する儀礼が始まったと推測されており、そこには畿内のヤマト政権が関与していた可能性が高い。つまり、宗像地域から沖ノ島を経由して朝鮮半島にいたるルート（海北道中）がこの時期に開拓され、そのため対外交易における博多湾の地位は低下を余儀なくされたのではないかと推測される。

西新町遺跡が歴史の表舞台に登場したのは、ほんの短い時間であった。文字通り、砂の上の都市は、あえなく歴史の中に埋もれていったのである。

日宋貿易の宋商人も居住する博多

平安時代における海外との貿易の拠点は、当初は博多湾をのぞむ高台に置かれた鴻臚館《こうろかん》であった。しかし、十一世紀ごろになると、宋《そう》の商人や住吉《すみよし》神社・筥崎宮《はこざきぐう》などの有力寺社、さらに荘園領主らによる私貿易が盛んとなり、鴻臚館は衰退する。それに代わって、平安時代末期ごろから博多の周辺に、後世になって「大唐街」と呼ばれるようになる宋国人街が形成されるようになり、そこが日宋貿易の拠点となった。

宋からやってきた商人たちは、博多に居を構え、寺社勢力や貴族とも結びつきを強めた。こうした宋の商人は「綱首《こうしゅ》」と呼ばれる。彼らは博多を拠点として日宋貿易をはじめとする、東アジア海域で積極的に交易活動をおこなった。いわば古代・中世の「華僑《かきょう》」とも言うべき存在であった。

こうした綱首の代表的な人物が謝国明《しゃこくめい》である。彼は南宋の杭州《こうしゅう》臨安府《りんあんふ》の出身と伝えられ、現在の櫛田《くしだ》神社のあたりに居を構えていた。日本人の女性を妻に持ち、自らも日本名を謝太郎と名乗っていた。現在の博多駅の前にある承天寺《じょうてんじ》の建立《こんりゅう》に尽力した人物で、禅をはじめ、多くの南宋の文化を博多にもたらした。伝承によると、博多鋏《はかたばさみ》のもととなった唐鋏や、蕎麦《そば》、鍼《はり》治療の技術を日本に伝えたのも彼だといわれている。特に、凶作のために食糧難が起こり、多くの民衆が飢えに苦しんだ時に、彼は蕎麦がきを作って振る舞ったといわれており、その遺徳をしのぶために承天寺では夏に「大楠様千灯明祭《おおくすさませんとうみょうさい》」が今日でも執りおこなわれている。

さらに謝国明は、博多湾の沖合の玄界灘《げんかいなだ》に浮かぶ小島である小呂島《おろのしま》を貿易の基地のひとつとして利用していた。彼は自らを地頭と称してこの島の領有権を主張したが、同じくこの島を社領であると主張する宗像大社との間で争いとなった。宗像大社は鎌倉幕府に訴え、その結果、幕府は宗像大社の領有権を認め、謝国明を戒告処分としたことが記録されている。

文永《ぶんえい》十一年（一二七四）に元《げん》の蒙古《もうこ》軍が襲来すると、博多の街は焼き払われ、大唐街も壊滅したと考えられる。文永・弘安《こうあん》の役（弘安四年＝一二八一）、および南宋の滅亡（一二七九年）を経て、日宋貿易は終わりを迎えた。その後、政治的には元と日本は対立関係にあったものの、経済的にはほどなく交流が復活した。これを日元貿易という。日元貿易では、建長《けんちょう》寺《じ》船《ぶね》や天龍《てんりゅう》寺《じ》船《ぶね》などの寺《じ》社造営料《しゃぞうえいりょう》唐船《とうせん》と呼ばれる貿易船が活躍した。これらは寺社の造営費用を獲得することを目的として、幕府から特別に認可された貿易船であった。

寺社造営料唐船に関連して、考古学的に最も重要な発見は、一九七六年に韓国の新安《しんあん》沖で見つかった新安沈船である。これは中国大陸で造られたジャンク船で、白磁や青磁などの陶磁器や、八百万枚もの銅銭などが積み込まれていた。さらにそれらの遺物とともに出土した積荷《つみに》木簡《もっかん》には「東福寺」や「筥崎」と記されていたものがあったことから、この船が東福寺の造営料を名目に派遣された寺社造営料唐船で、寧波《にんぽー》の港を出港して、博多を目指して航海している途中、朝鮮半島の新安の沖合で沈没したということがわかった。

さらに興味深いのは、この船が日本で造られた船ではなく、中国大陸で造られた船を東福寺がチャーターしたものである可能性が高いことである。積荷木簡の中には「綱司《ごうし》」と記されたものもあった。「綱司」とは船の船長を意味すると考えられ、積荷木簡の中にこの「綱司」の文字が記されたものがあることから、この船が運んでいたものは東福寺に依頼された積荷だけでなく、船長である「綱司」が私的におこなっていた貿易の品物も含まれていたことを示唆《しさ》している。

このことから、日宋貿易とは異なる日元貿易の様相を推測することができる。おそらく博多において筥崎宮の周辺は、引き続き中国大陸との貿易の拠点であったが、大唐街のような大陸からの商人の居留地はもはやなかったと推測される。それに代わって貿易の主役となったのは、中国大陸の寧波を拠点として、大陸と日本との間を往来する「綱司」と呼ばれる貿易船の船長であったと考えられる。

日元貿易の実態については、十分な史料が残っておらず、これまではわずかに建長寺船や天龍寺船といった寺社造営料唐船の記録によってその様相をうかがうにとどまっていた。しかし、新安沈船の発見とその遺物の分析が進むことによって、「綱司」と呼ばれる貿易船の船長たちが主体的な役割を果たしていた可能性が高いことが明らかとなった。すなわち、政治的な日元関係の悪化によって、大陸出身者が博多に居住することが難しくなり、商人たちは博多に長く滞留することなく、貿易船をいち早く回航させる必要が生じた。そのため、「綱司」と呼ばれるものたちが貿易のおもな担い手となっていったと考えられるのである。

中世の博多にあった「チャイナタウン」

日宋貿易で活躍した宋の商人たちは、博多に居留地を形成し、それは後に大唐街と呼ばれるようになった。当時の史料では「博多《はかた》津《つ》唐房《とうぼう》」と記されている。ここには異国風の建物が立ち並び、いわばチャイナタウンを形成していたといわれている。この街は元寇《げんこう》の際に破壊され、その後、復興することなく埋もれていった。

大唐街と呼ばれた街は、中国大陸風の特異な瓦が出土する地点などから、現在の櫛田神社、聖《しょう》福寺《ふくじ》、承《じょう》天寺《てんじ》を結んだ五百メートル四方の範囲に存在した可能性が高いと推定されている。それは博多浜と呼ばれる、かつての砂丘上に立地していたことになる。

このうち聖福寺は栄西《えいさい》によって建立された日本最初の禅宗の寺院であり、その前身は宋国人が建てた博多《はかた》百《ひゃく》堂《どう》と呼ばれる仏堂であったといわれている。また承天寺は博多綱首であった謝国明の支援によって建立された禅宗の寺院で、南宋から帰国した聖一国師《しょういちこくし》（円《えん》爾《に》）を開祖とする。また櫛田神社の近くには謝国明の邸宅があったと伝えられている。こうした施設が大唐街の中心を成したのであろう。

また櫛田神社の北側、現在の冷泉公園の東側からは、波打ち際《ぎわ》に廃棄されたと想定される十二世紀初めの白磁の山が出土している。このことから、当時の博多津の荷揚げの場所は、博多浜の砂丘の西側にあったものと推定される。また博多浜の砂丘の中央部にあたる、現在の店屋町や冷泉町の周辺からは、多くの大陸製の輸入陶磁器がまとまって出土しており、貿易に関連した事務所や倉庫が存在していたことを示唆している。

また大唐街があったと想定される範囲からは、中国大陸に起源する特異なタイプの瓦が出土している。それは花卉文《かきもん》と呼ばれる地面から生えた草花をモチーフとした文様が施された軒丸瓦《のきまるがわら》や、下端がフリルのように押圧《おうあつ》された波状文を持つ軒平瓦《のきひらがわら》、薄手で小ぶりの平瓦、さらに屋根の大棟《おおむね》の両側に置かれた鴟吻《しふん》と呼ばれるしゃちほこのような装飾瓦などである。こうした瓦で飾られた建物は、さぞかしエキゾチックな景観をつくり出していたことだろう。一方、遺跡から検出された建物の遺構を見る限り、そのほとんどは日本的な掘《ほっ》立柱《たてばしら》建築のものであり、中国大陸特有のものと言えるものはほとんど見つかっていない。

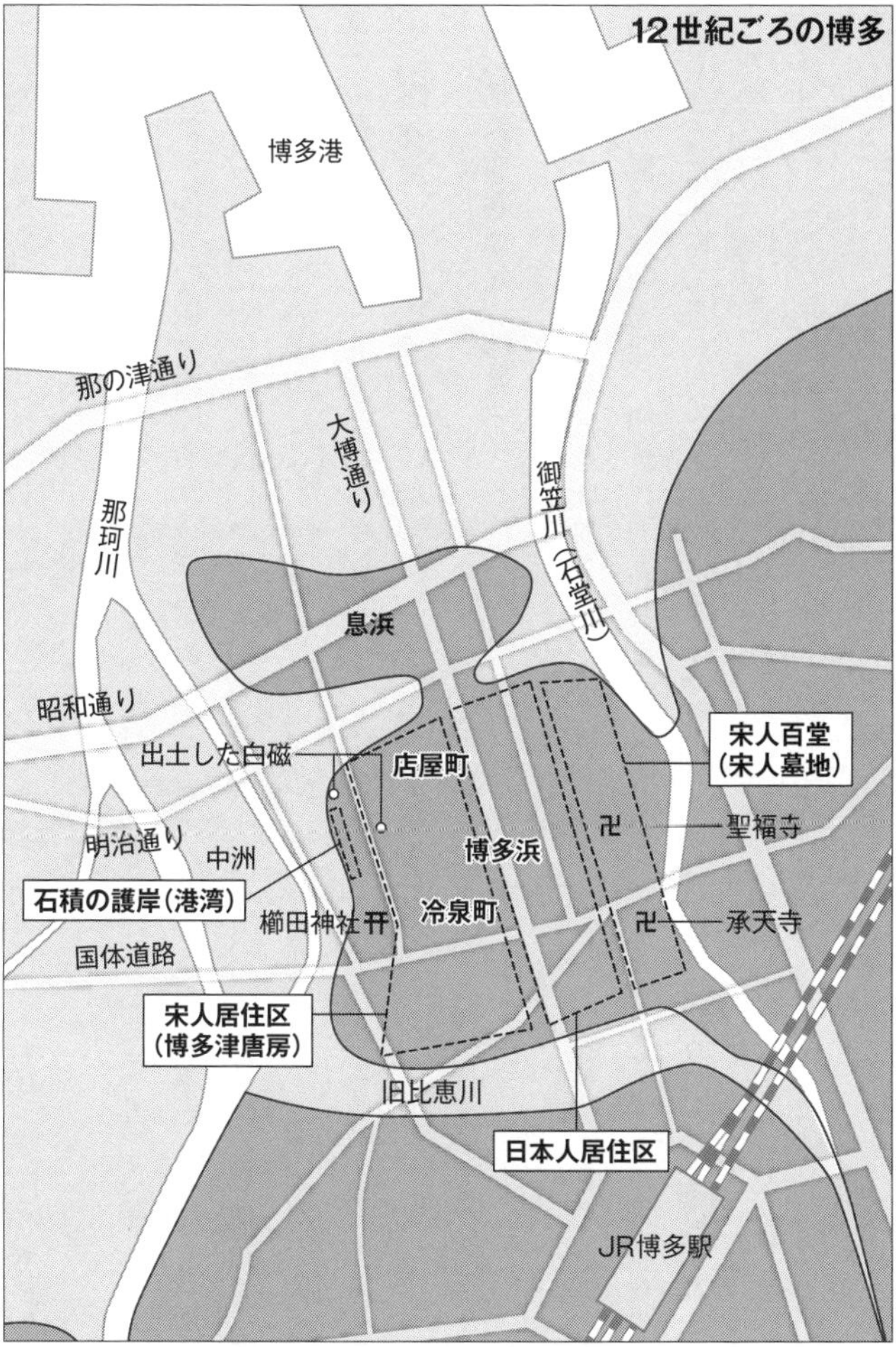

東側は砂丘であり、陸続きだった。北・西・南は海や川で、半島のような形状をしていた（色の濃い範囲）。比恵川は付け替え後、堀（房州堀）になる

こうしたことから、建物自体は日本の大工たちによって伝統的な工法で建てられ、屋根や外見は大陸風に仕上げられたのではないかと考えられる。

なお宋国人の居留地は、博多浜以外にも、筥崎宮の近くにもあったとする説も有力である。さらに、福岡の街の西にあたる姪浜《めいのはま》にも「当方」という地名が残されており、周辺からは大陸からの輸入陶磁器が見つかっている。「当方」は「唐房」から転じた地名とも解釈できることから、この周辺にも宋国人の居留地があった可能性がある。宋国人の居留地は博多の周辺に複数点在し、当時の街は日本人と宋国人などの外国人が入り交《ま》じって生活する、国際都市の様相を呈していたのではないかと推測される。

自治都市であった「博多」

博多は、大商人たちによる合議制で治められた日本史上初の自治都市であるといわれている。室町《むろまち》時代になると、町人たちが自治をおこなう都市が出現するようになった。博多と同じように港町であった堺《さかい》（大阪府）や、興福寺の寺社領から自立して環濠城《じょうさい》塞都市となった今井《いまい》町《ちょう》（奈良県）も、自治都市の代表例である。

博多は、十二人の年行《としぎょうじ》司と呼ばれる豪商たちが市政を運営した。彼らの多くは日明《にちみん》貿易をはじめとする経済活動で富を築いたものたちであった。そのため、博多は戦国時代になると、その富をねらって戦国大名たちの争奪の対象となり、しばしば焼き打ちなどによって壊滅的な被害を受けることもあった。豊臣秀吉が九州を平定すると、博多は商人たちによる自治が認められ、都市の復興を果たすことができた。その後は黒田家の治めるところとなるが、商人たちによる自治権は引き続き認められた。

ところで、自治都市という言葉は、もともと中世のヨーロッパ各地に出現した都市に対して用いられた歴史用語である。ヨーロッパでは中世の後半になると、それまで封建領主が支配していた都市の住人たちが自立し、自前の統治機構を備えるようになった。彼らは自らの財力で傭兵《ようへい》を雇《やと》い、封建領主をしのぐ軍事力を持つものさえあらわれるようになった。また自治都市同士がその独立を守り、たがいの交易を円滑《えんかつ》におこなうために、都市同盟を結ぶようにもなった。ドイツを中心としたハンザ同盟や、北イタリアのロンバルディア同盟がその例である。さらに自治都市はローマ教会から自治の承認を受けることで、宗教的な権威も味方につけた。

こうしたヨーロッパの自治都市はアジールとしての役割も果たした。アジールとはもともと「聖域」を意味し、その後、世俗の権力がおよばない場所とされ、罪を犯したものや政治的な迫害を受けたものが逃げ込むことのできる「避難所」としての役割を果たすようになった。よって、教会や寺院といった宗教的な場所がアジールであったが、自治都市もまたアジールとしての役割を果たすようになった。

自治都市がアジールとなったのは、「市場」が公権力から自由な場として存在したからである。そのため、最初の「市場」は、しばしば辻《つじ》や河原《かわら》、中州《なかす》といった、所有者のいない「無主の地」に開かれることが多かったのである。

博多もその意味でアジールとしての条件を備えていたと考えられる。博多の街はもともと、博多湾に面したラグーンのほとりから始まっており、その後も河川から運ばれてくる土砂の堆積《たいせき》によって形成された土地の上に広がっていった。そうした意味で博多の街は「無主の地」に築かれたのだと言えよう。

実際に、博多は多くの人たちにとって「避難所」であった。博多で日明貿易にたずさわった商人の陳宗敬《ちんそうけい》は、中国大陸で明王朝が建国される際に朱元璋《しゅげんしょう》に敗れた陳友諒《ちんゆうりょう》の一族といわれており、博多に亡命してきた人物であった。また、戦国時代には織田信長に背《そむ》いて攻め滅ぼされた松永久秀《まつながひさひで》の孫が、乳母に連れられて博多に亡命し、その人物は長じて松永彦兵衛と名乗った。彼は博多で質屋を開業して財を成し、その子孫は博多の年行司を務めるまでになった。さらに幕末には、長州藩の中で一時、立場があやうくなった高杉晋作《たかすぎしんさく》が、博多の平尾山荘《ひらおさんそう》に身を隠していたこともあった。

福岡の、外の人を受け入れる素地《そじ》のひとつには、こうしたアジールとしての自治都市であった博多の歴史がその背景にあるのだろう。

キリシタン大名と博多

博多はキリシタン大名ともゆかりの深い街である。ここでは大友宗麟《おおともそうりん》と黒田如水《くろだじょすい》という二人のキリシタン大名を取り上げてみよう。

室町時代において博多を勢力下に置いていたのは大内《おおうち》氏と大友氏であった。しかし、天《てん》文《ぶん》二十年（一五五一）に大内義隆《よしたか》が家臣の陶晴賢《すえはるかた》に討たれて滅亡したのを受けて、大友宗麟が博多を支配するようになった。永禄《えいろく》二年（一五五九）には宗麟は幕府によって筑前《ちくぜん》国の守護に任ぜられ、続いて九州探題にも補任《ぶにん》され、名実ともに博多および北部九州の支配者の地位を確立した。

宗麟は、フランシスコ・ザビエルが天文二十年に豊後《ぶんご》国に訪れた際に保護し、自らもキリスト教に傾倒していった。そして、天正《てんしょう》六年（一五七八）には宣教師のフランシスコ・

貿易による利権で大友氏は勢力を拡大した。JR大分駅前に立つ宗麟像

カブラルから洗礼を受け、正式にキリスト教徒となった。宗麟のキリスト教への傾倒は行き過ぎのきらいもあり、神社仏閣を徹底的に破壊したり、仏像や経典を焼いたりして、そのことが結果的に家臣の離反を招き、大友氏の弱体化にもつながった。

天正十四年の豊臣秀吉の九州征伐に際しては、それに先立って宗麟は大坂城におもむいて秀吉に謁見《えっけん》し、豊臣傘下《さんか》に入ることを約束した。というのも、当時の大友氏は島津《しまづ》氏に圧迫され滅亡寸前まで追い詰められていたからである。翌年、豊臣軍の本隊が九州に到着して島津氏を押し返し、からくも大友氏は滅亡をまぬがれることができたが、宗麟自身はチフスにかかってあえなく病死している。

このように人生の最後は不幸に見舞われたものの、宗麟は家臣の臼杵《うすき》鎮続《しげつぐ》に命じて博多の治水をおこない、戦乱で荒れ果てた街を復興させるなど、博多にとってはまさに恩人というべき存在であった。イエズス会の宣教師であったルイス・デ・アルメイダはこのころの博多について、裕福で贅沢《ぜいたく》な街であるが、そのためかえって布教が難しいと、イエズス会の報告書『耶蘇《やそ》会士《かいし》日本《にほん》通信《つうしん》』に記している。

九州平定後、秀吉は黒田如水と石田三成《いしだみつなり》に命じて、九州征伐時の戦乱で荒廃した博多の街の復興にあたらせた。この時にラグーンを埋め立てて街区を広げ、「太閤《たいこう》町割り」と呼ばれる都市整備をおこなった。この町割りの痕跡《こんせき》は今日でも冷泉町や御供所町《ごくしょまち》にその名残《なごり》を見ることができ、今日の博多の都市の成り立ちの基盤となった。

この時、博多の復興に尽力した黒田如水は、豊臣秀吉の軍師として名高い人物であり、またキリシタン大名としても有名である。キリスト教への入信は、同じくキリシタン大名であった高山右近《たかやまうこん》や蒲生氏郷《がもううじさと》のすすめによるものといわれている。なお高山右近と蒲生氏郷はともに「利休七哲《りきゅうしちてつ》」と呼ばれる千利休の高弟であり、如水自身も茶人であったため、茶の湯を通した交友関係も強かったと思われる。

天正十五年に如水は豊前国の六郡十二万石を与えられ、中津《なかつ》城を築いて居城とする。その後、慶長《けいちょう》五年（一六〇〇）の関ヶ原の戦いでは、息子の長政《ながまさ》とともに東軍につき、長政を関ヶ原に向かわせる一方で、自身は九州で西軍についた大名を次々と打ち破った。戦後、黒田家は博多を含む筑前国五十二万石を与えられ、長政は福岡城に入ったが、如水は一線を引退し、福岡城内にある御鷹《おたか》屋敷や、太宰府天満宮《だざいふてんまんぐう》内の草庵で静かに余生を過ごしたといわれている。

慶長九年に如水は京都で死去したが、遺言に従い、遺体は博多に運ばれ、キリシタン墓地に埋葬された。その後、慶長十一年には如水を追悼《ついとう》するための聖堂が博多に建てられ、ミサがおこなわれた。その後、幕府によるキリシタンへの取り締まりが厳しくなっていく中で、慶長十八年には聖堂は解体の憂き目《うきめ》にあってしまう。聖堂は現在の天神にある勝立寺《しょうりゅうじ》のあたりにあったと推測されている。なお、長崎県の日本二十六聖人記念館が所蔵する「雪のサンタマリア」は、聖堂の祭壇画として描かれたものが、その後、長崎に伝わり、潜伏キリシタンの間でひそかに伝えられたものではないかともいわれている。

アジアに乗り出す博多商人

戦国時代から近世初頭にかけては、「博多の三傑」と呼ばれる博多商人が活躍した。島井《しまい》宗室《そうしつ》・神屋《かみや》宗湛《そうたん》・大賀《おおが》宗九《そうく》の三人である。彼らは広くアジア世界への貿易に乗り出し、豊臣秀吉や黒田家といった権力者にもうまく取り入ることで、豪商としての地位を確立した。それではこの三人のプロフィールを順に見ていくこととしよう。

一人目の島井宗室（一五三九〜一六一五）は、もともと博多で貿易にたずさわっていた商人である嶋井（島井）家に生まれた。嶋井家は大内氏や大友氏、また対馬の宗氏と取引をして日明貿易や日朝貿易にかかわり、巨万の富を築いていた。宗室もおもに朝鮮との貿易に関与しつつ、堺の有力商人である千宗易《せんのそうえき》（利休《りきゅう》）や津田宗久《つだそうぎゅう》とも友好関係を築いていった。

織田信長が台頭し、堺を支配下に治めるようになると、宗室も信長に接近し、神屋宗湛とともに安土城《あづち》におもむいて信長に謁見した。その後、京都に滞在していた時に、信長も中国征伐のために京都を訪れ本能寺に滞在したので、二人はふたたび本能寺で信長に謁見し、その日は本能寺に宿泊することになった。不幸なことに、二人は本能寺の変に巻き込まれたが、からくも脱出して生き延びることができた。

その後は豊臣秀吉に接近し、南蛮（ヨーロッパ）や朝鮮との貿易にたずさわった。朝鮮出兵の際には、貿易相手である朝鮮や明と戦争することに反対し、朝鮮に渡って国王と折衝《せっしょう》するなど、戦争回避に努めた。その努力は実らなかったが、開戦後も、表向きは石田三成に協力して補給の任務を務める一方で、水面下では明との和平の裏工作をしていたともいわれている。江戸時代になって黒田家が博多を治めるようになると、福岡城の築城に協力することで黒田家に取り入った。

二人目の神屋宗湛（一五五一～一六三五）は、やはり博多の有力な貿易商である神谷家に生まれた。宗湛の祖先にあたる神屋寿貞《じゅてい》は、石見《いわみ》銀山を発見し、灰吹法《はいふきほう》と呼ばれる銀の抽《ちゅう》出《しゅつ》技術を朝鮮から日本に初めて導入し、銀山の開発を進めた人物である。

宗湛は、島井宗室とともに堺の有力商人や信長・秀吉といった権力者とも良好な関係を築き、秀吉による九州平定後は、「太閤町割り」による都市復興に資金を供出して尽力した。朝鮮出兵においては、石田三成に協力して補給の任務を務め、秀吉の側近としての信頼も得ることで、莫大《ばくだい》な富を蓄積した。

宗湛は茶の湯にも通じていた。関ヶ原の戦いの前夜には、石田三成を招いて茶会を催しており、西軍寄りの姿勢を見せている。戦後、天下人となった徳川家康からは冷遇される結果となってしまうが、茶の湯を通じた交流が身を助けた。同じく茶人として以前より交流があった黒田如水が筑前に移ってくると、宗湛はそのつながりを通じて黒田家の御用商人となることができたのであった。

三人目の大賀宗九（一五六一～一六三〇）は、前の二人とは異なり、もともと博多の商人の出身ではなかった。大賀家はもともと大神氏を名乗り、大友氏に仕える武士であったといわれる。宗九は父を早くに亡くし、さらに主家が滅亡したため、武器商人に転身して明に渡った。長年にわたって海外で暮らし、その間に巨万の富を築いたといわれている。関ヶ原の戦いの後、黒田家が筑前に入るのにあわせて宗九も博多に移住し、宗室や宗湛とともに福岡城の築城や城下町の整備にあたった。藩主の黒田長政は、宗九に対して家康から朱印状を受けさせ、ベトナムやシャム（タイ）、琉球《りゅうきゅう》、朝鮮などとの貿易にあたらせた。これにより宗九は莫大《ばくだい》な富を得ることに成功し、最終的には福岡藩筆頭御用商人となって、江戸時代を通じて大賀家は博多の大商人としての地位を保った。

秀吉に寵愛された神屋宗湛像〈部分〉
（長浜市長浜城歴史博物館蔵）

　このように「博多の三傑」はいずれもアジア世界での貿易を足がかりに豪商の地位を築いたが、江戸時代になって幕府による鎖国政策が進められるようになると、こうした貿易商人たちの活躍の場は失われていくこととなった。後に島井家と神屋家は凋落《ちょうらく》し、福岡藩の御用商人となった大賀家だけが金融業に転身して存続することができたのである。こうした貿易商人の凋落は、鎖国の体制下において、国際貿易港としての地位が博多から長崎に移ったことと、軌《き》を一《いつ》にしていたのである。

大友・毛利・島津が博多の争奪戦を展開

戦国時代には、博多は有力な戦国大名の争奪戦の対象となった。彼らの狙いは貿易によって蓄《たくわ》えられた博多の富であり、またその貿易の利権であった。

天文二十年（一五五一）に大内義隆が家臣の陶晴賢《すえはるかた》に討たれて滅亡したのを受けて、博多の街の支配は豊後国の戦国大名であった大友宗麟の手に委《ゆだ》ねられた。

そして、永禄二年（一五五九）に宗麟は幕府によって筑前国の守護と九州探題に任ぜられた。同じ年、筑前の国人（在地の領主）であった筑紫惟門《つくしこれかど》は宗麟に反旗をひるがえし、博多の街を焼き払った。これにより博多は焼け野原となり、神屋宗湛をはじめ多くの博多商人たちは肥前国など周辺に避難せざるを得なかった。

筑紫惟門を撃退した宗麟は博多の街の再建に乗り出し、元亀《げんき》元年（一五七〇）ごろには三千五百戸ほどの家屋が建つまでに復興した。このとき宗麟は家臣の臼杵鎮続に命じて、河川の付け替えをおこなうなど、本格的な都市整備をおこなったようである。

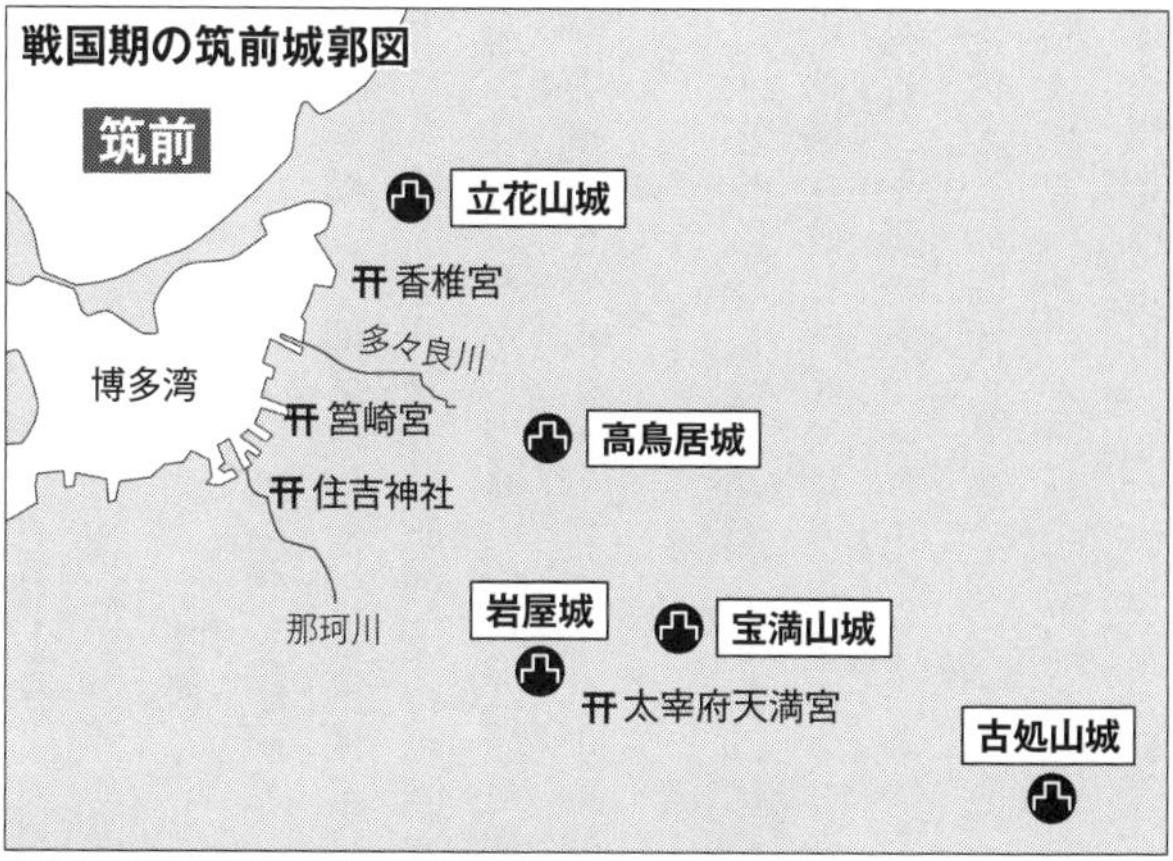

自由都市として栄えていた博多。貿易による利権をめぐり、戦国大名は争いを繰り広げると、街は戦乱にたびたび巻き込まれて荒廃した

一方で陶晴賢を厳島《いつくしま》の戦いで破り、大内氏に代わって中国地方の大大名となった毛利氏は、北部九州にも勢力を伸ばそうと試みて、たびたび大友氏と戦った。永禄元年から永禄五年にかけての門司《もじ》城の戦いや、永禄十二年の多々良《たたら》浜《はま》の戦いがそうである。

いずれも大友氏の善戦により、毛利氏の勢力は退けられた。毛利氏にとって北部九州へ勢力を伸ばす最も大きな動機は、やはり博多の支配権を得ることであったと考えられる。それだけ博多の富と、国際貿易港としての地位は、魅力的だったのだろう。

天正六年（一五七八）に耳川《みみかわ》の戦いで島津氏と交戦し大友氏が大敗すると、筑紫惟門の息子である筑紫広門《ひろかど》と、同じく筑前の国人である秋月種実《あきづきたねざね》が、大友氏に反抗して博多を攻撃し、略奪がおこなわれた。秋月氏はもともと筑前国の古《こ》処山《しょさん》城（朝倉市）を本拠地とし、大内氏に従っていたが、大内氏滅亡後に大友氏によって攻められ、中国地方の大勢力である毛利氏のもとに落ち延びていた。その後、毛利氏の支援によって所領を回復し、事あるごとに大友氏に反抗してきた。このときの秋月種実による博多攻撃も、背後に毛利氏の影があったことは想像に難くない。

さらに天正八年には肥前国の戦国大名で「肥前の熊」の異名をとる龍造寺《りゅうぞうじ》隆信《たかのぶ》が筑前に進軍し、ふたたび博多の街は灰燼《かいじん》に帰した。隆信は大友氏の弱体化に乗じて北部九州での勢力拡大を目指すが、天正十二年に沖田《おきた》畷《なわて》の戦いで島津氏と交戦し、あえなく戦死してしまう。

天正十四年には島津義久《よしひさ》が筑前に侵攻し、七月には岩屋《いわや》城・宝満山《ほうまんざん》城（ともに太宰府市）を落城させ、博多の街を見下ろす立花山《たちばなやま》城（福岡市東区）に迫った。立花山城を守るのは、弱冠二十歳であった立花宗茂《たちばなむねしげ》であった。彼は大友氏の重臣である高橋紹運《たかはしじょううん》の長男で、同じく大友氏の重臣である立花道雪《どうせつ》の養子となった人物であり、若い時からその器量を高く評価されていた。宗茂は少数の兵にもかかわらず島津氏の大軍に徹底抗戦し、八月には島津軍を撤退に追い込んでいる。その際、島津軍は博多の街を焼き払い、みたび街は灰燼に帰したのである。

　その後、天正十五年に九州を平定した豊臣秀吉の手によって博多の街の復興が進められ、ようやく街は平和を取り戻したのである。

　このように戦国時代を通じて何度も博多は戦乱に巻き込まれ、破壊や略奪の損害を被ってきた。戦国大名たちにとっては、それだけ博多は手中に収めたい要所であったということであろう。こうした戦災にもかかわらず、何度も復興を果たしてきたのは、博多の町人たちのエネルギーがくじけなかったということでもある。それは権力に立ち向かう博多の人々の心意気のあらわれでもあったのだろう。

第三章　中央に対抗する「福岡」

新羅に呼応した「筑紫君磐井の乱」

古墳時代の後期に九州で一大勢力を誇ったのが筑紫君磐井《つくしのきみいわい》と呼ばれる人物である。彼は筑紫国（のちの筑前国と筑後国をあわせた地域、現在の福岡県に相当する）を治めた豪族であり、その一族は現在の八女《やめ》市周辺を本拠地にしていたと推測され、八女丘陵に分布する八女古墳群は大小三百基もの古墳から構成されている。

このうち最も大きな前方後円墳（全長百三十五メートル）である岩戸《いわと》山《やま》古墳が、磐井の墓と推定されている。岩戸山古墳の周囲には、石人《せきじん》・石馬《せきば》と呼ばれる、人や馬をかたどった石の彫像が並べられていた。これは当時の古墳のまわりに並べられた人物埴輪《はにわ》や馬形埴輪の素材を石で置き換えたものと考えられるが、岩戸山古墳をはじめとする北部九州の古墳にしか存在しないものである。こうしたことから、畿内を本拠地とするヤマト政権の古墳とは一風異なった、独自の古墳を造る文化が北部九州に存在した。そして、磐井はそうした文化を持つ人々のリーダー的な存在であったことが推測される。

このように一大勢力を誇った磐井であるが、五二八年に畿内に拠点を持つヤマト政権によって派遣された物部麁鹿火《もののべのあらかい》によって征伐された。これを磐井の乱という。この戦いの実情については、実のところよくわかっていない。

『日本書紀』によると、五二七年に朝鮮半島への遠征のために派遣された近江毛野《おうみのけぬ》の率いるヤマト政権の軍の進軍を、磐井が阻《はば》み、ヤマト政権に反抗したために征伐されたと記されている。当時の朝鮮半島では、朝鮮半島南東部に勃興《ぼっこう》した新羅《しらぎ》が、百済《くだら》の勢力下にあった伽耶《かや》（朝鮮半島南部の地域）を侵略したため、百済の要請に応じて近江毛野の遠征軍が派遣された。しかし、磐井はヤマト政権とは別個に新羅と友好関係を築いており、新羅の要請を受けてヤマト政権の遠征軍を妨害したとされている。

『古事記』では、「磐井が天皇の命に従わず無礼が多かったので殺した」とだけ書かれており、『筑後国風土記』には「官軍が急に攻めてきた」と書かれていることから、『日本書紀』の記述はかなり潤色《じゅんしょく》されているのではないかと考える研究者もいる。

　ここであらためて当時の日本列島の政治状況を見てみることとしたい。磐井の乱が起きた当時のヤマト政権の大王は男大迹王《おおどのおおきみ》、後に継体《けいたい》天皇と呼ばれる人物である。彼はもともと越前《えちぜん》国を治める皇族出身の一豪族にすぎなかった。しかし、先代の大王である小《お》泊瀬《はつせ》稚《わか》鷦鷯尊《さざきのみこと》、すなわち武烈《ぶれつ》天皇が後継者がないまま死去したため、ヤマト政権の運営を担う有力豪族の大伴金村《おおとものかなむら》と物部麁鹿火らが協議し、応神天皇の五世の子孫である男大迹王を次の大王に推挙したのである。

　大王に指名された男大迹王はこの時すでに五十七歳という、当時としてはかなり高齢の人物であった。しかもヤマト政権を支える豪族の中には、男大迹王を大王に迎えることに反対する勢力も一定数いたようである。そのため、男大迹王はすぐには大和《やまと》盆地には入らず、五〇七年に河内《かわち》国の樟葉宮《くずはのみや》で大王として即位した。その後もしばらくは淀川流域の宮殿（筒城宮《つつきのみや》・弟国宮《おとくにのみや》）にとどまりながら政治をおこない、即位して十九年後の五二六年にようやく大和盆地に入って磐余玉穂宮《いわれのたまほのみや》を宮殿と定めた。この時、男大迹王は七十七歳であった。

　このようにヤマト政権の大王であった男大迹王は、その権力の正統性および正当性について、常に批判のおそれのある不安定な立場であったと考えられる。特に磐井のような地方の大豪族にとっては、かつて越前国の豪族であった男大迹王は、自分と同格くらいの相手と思っていたのかもしれない。

　実際に磐井が男大迹王に対してそのような思いを抱き、無礼な態度をとったかどうかはわからない。しかし、男大迹王にとっては、自分をおびやかしかねない磐井の存在が目の上のたんこぶのような存在と思うにいたったのかもしれない。いわば、自分の出自のコン

人や馬に鶏、甲冑に盾・刀などの武具、あるいは壺などの器物をかたどった石造りの埴輪「石人・石馬」（岩戸山古墳公園に立つレプリカ）

プレックスの裏返しとして、磐井の存在が目《め》障《ざわ》りになったということは、想像に難くないだろう。さらには自分自身が高齢であり寿命がいつまで持つかわからないため、自分の後継者たちのためにも早いうちに芽をつんでおこうという考えにいたったのかもしれない。

こうして磐井は滅ぼされることとなり、『筑後国風土記』によると、岩戸山古墳に立てられていた石人・石馬もヤマト政権軍の手によって破壊されたと伝わっている。実際に、古墳から出土した石人・石馬には意図的に破損されたものが多数見つかっており、この伝承が正しいことを示している。

ただし、磐井の一族はこれで滅亡したわけではなく、磐井の息子である筑紫君葛子《くずこ》は、支配する土地の一部をヤマト政権に献上することで死罪をまぬがれた。この献上された土地はヤマト政権による直轄地、すなわち屯倉《みやけ》となった。また筑紫国造《くにのみやつこ》の鞍橋君《くらじのきみ》という人物は、五五四年にヤマト政権の遠征軍の一員として朝鮮半島に渡り、百済の援軍として新羅と戦った。弓の名手と伝えられ、彼の活躍によって百済の王子余昌《よしょう》（後の威徳王《いとくおう》）は窮地を脱したと伝えられている。この鞍橋君という人物も磐井の子孫の一人と思われる。

こうしたことから、ヤマト政権としても九州の大豪族である磐井の一族を完全に滅ぼすのではなく、屈服させることで、日本列島における支配を強化していったのであろう。

大宰府で起こった藤原広嗣の乱

藤原広嗣《ふじわらのひろつぐ》は、奈良時代の前半の朝廷において絶大な権力を誇っていた藤原四兄弟の三男である藤原宇合《ふじわらのうまかい》の息子で、いわばエリートとして生まれ育った。そんな彼がなぜ大宰府《だざいふ》でクーデターを起こすことになったのだろうか。その背景には当時の社会を恐怖におとしいれた疫病の存在があったのである。

本来であれば、名門藤原家の一員として朝廷内で順調に出世していくはずだった広嗣の運命は、天平《てんぴょう》七年（七三五）から同九年にかけて全国で天然痘《てんねんとう》が大流行し、天平九年に藤原四兄弟が相次いでこの世を去ったことで暗転する。この時の疫病の被害はすさまじく、当時の日本の総人口の二十五~三十五パーセントにあたる百万~百五十万人が死亡したと推定されている。

藤原四兄弟の死去を受けて、朝廷の政治の実権は藤原氏のライバルであった橘　諸兄《たちばなのもろえ》が握ることとなった。彼は、遣唐使として唐で学んだ経験のある吉備真備《きびのまきび》と玄昉《げんぼう》の二人をブレーンとして起用し、自らが主導する政治体制を築いていった。

そうした中で、広嗣は天平十年に大宰　少弐《だざいのしょうに》に任ぜられ、大宰府への赴任を命じられた。実質的な左遷である。その理由として広嗣が親族を誹謗《ひぼう》したことがあげられているが、おそらくは広嗣が反橘諸兄の勢力を結集するために藤原氏一門に檄《げき》を飛ばしたことに対し、橘諸兄側がその芽をつむために持ち出した名目だったと考えられる。

天平十二年に広嗣は大宰府から、疫病による災厄《さいやく》や、その後の社会不安の元凶は吉備真備と玄昉の二人であり、彼らを追放すべきであるとする上　奏文《じょうそうぶん》を朝廷に送った。名指しこそ避けたものの実質的に橘諸兄政権に対する挑戦であるのは明らかである。この上奏文を受け取った聖　武《しょうむ》天皇は、広嗣に対して平城京に出頭するよう命じるが、広嗣はそれに従わず、大宰府で兵を集めた。兵力の主体は、大宰府に配備された兵と、隼人《はやと》と呼ばれた南九州の人々であった。

隼人は、もともとはヤマト政権に抵抗した南九州の住民で、熊襲《くまそ》の末裔《まつえい》とも伝えられる人々のことである。古代の日本では「異民族」としてあつかわれることが多かったが、一方で呪術的な力を持つと信じられ恐れられた人々でもあった。彼らは奈良時代になってもしばしば反乱を起こし、養老《ようろう》四年（七二〇）には「隼人の乱」と呼ばれる大規模な反乱が起こっている。一方で、朝廷に服属した隼人の人々もおり、畿内に移住して朝廷に仕えた。彼らは平城宮の警備の役目を与えられ、S字形の呪術的な文様が描かれた「隼人楯《はやとのたて》」という楯を持っていたが、その実物は実際に平城宮跡の発掘調査で出土している。

広嗣は一万人あまりの兵力を集めて大宰府で挙兵し、それに対して朝廷は大野東人《おおののあずまひと》を大将軍とする一万七千人からなる追討軍を九州に向かわせた。この追討軍の中には、畿内に移住した隼人から二十四人を選んで参加させていた。これは広嗣が隼人を味方につけているという情報を朝廷側がつかんでいたからかもしれない。

広嗣軍と追討軍は北九州の板櫃川《いたびつがわ》をはさんで対峙するが、追討軍に参加した隼人が「我々は官軍であり、広嗣は賊軍である」と主張し、広嗣軍の隼人たちに投降を呼びかけた。結果的に隼人の一部が投降に応じ、広嗣軍の戦列は瓦解《がかい》したようである。

広嗣は逃亡し、海を渡って済州島《さいしゅうとう》に逃れようとしたようであるが、嵐のために押し流され、五島列島で潜《ひそ》んでいたところを捕らえられ、肥前国松浦《まつら》郡で処刑された。こうして広嗣のクーデターはついえたのである。

　そもそも広嗣はどれほどの勝機があってこの反乱をくわだてたのであろうか。確かに天然痘による社会不安を背景に、隼人をはじめとする九州の人々の畿内の朝廷に対する不満をたきつけて兵を集めるまでには成功した。しかし、広嗣の動機はせいぜい自分が朝廷の権力の中心に返り咲くくらいの個人的なものにすぎず、九州の人々をまとめるだけの説得力に欠いていたのではないかと思われる。そのため、追討軍に「賊軍」と呼ばれることで簡単に戦意を失ったのではないかと考えられるのだ。

乱の動機はしょせん私怨だった藤原広嗣（『前賢故実』国立国会図書館蔵）

　この話には興味深い後日談がある。広嗣が目の敵《かたき》にした一人である玄昉は、そののち朝廷で藤原仲麻呂が勢力を持つようになると人事的な報復を受け、天平十七年に大宰府の観《かん》世《ぜ》音《おん》寺の別当に左遷され、翌年にそこで死去した。伝説によると、広嗣の霊の仕業《しわざ》によって空中から手があらわれて玄昉を連れ去り、五体がバラバラにされて、そのうち頭部が奈良の興福寺に落下したので、そこに首塚を作ったという。この首塚こそ、奈良市高畑町《たかばたけちょう》にある頭塔《ずとう》であるという（実際には頭塔は奈良時代に建立された土塔であり、玄昉とは何の関連もない）。この伝説の真偽はともかく、玄昉にとって自分自身も大宰府に流され、その地でこの世を去ることになったのは皮肉な運命であった。

大宰府と菅原道真の左遷

太宰府天満宮は「学問の神様」菅原道真《すがわらのみちざね》をまつった神社であり、京都の北野天満宮とともに全国の天満宮の総本社とされ、初詣《はつもう》や受験のシーズンになると多くの参詣者がある。この太宰府天満宮に道真がまつられることになった事の始まりは、言うまでもなく道真の大宰府への左遷であった。

宇多《うだ》天皇と醍醐《だいご》天皇に仕え、右大臣まで出世した道真であったが、昌泰《しょうたい》四年（九〇一）に謀反《むほん》の疑いをかけられて大宰権帥《だざいのごんのそつ》に左遷されることとなった。大宰府の体制においては、トップは大宰帥であるが、これは名誉職であり、慣例として親王や皇族が任ぜられたが、実際に赴任することはなかった。そのため実質的なトップは、大宰帥の代理である大宰権帥か、大宰府の次官である大宰大弐《だざいのだいに》が務めた。平安時代の大宰府は海外貿易の利権を手中にしていたため、本来、大宰権帥は閑職ではなく、たとえば刀伊《とい》の入寇《にゅうこう》を迎え撃った藤原隆家《ふじわらのたかいえ》のように、九州の在地勢力をまとめあげたものも少なくなかった。しかし、道真が任じられたのは大宰員外帥《だざいのいんがいのそつ》という、実質的な権限が与えられない立場であった。それどころか、左遷後は俸給や従者も与えられず、政務のいっさいにあたることも禁じられたといわれている。道真は失意のうちに延喜《えんぎ》三年（九〇三）に大宰府でこの世を去った。

その後、宮中では次々と不吉な事件が起こる。延喜九年には道真のライバルであり、道真を左遷に追いやった中心人物と目される藤原時平《ふじわらのときひら》が三十九歳という若さで病死する。延喜二十三年には醍醐天皇の皇子の保明《やすあきら》親王が二十一歳で薨去《こうきょ》する。延長八年（九三〇）には清涼殿《せいりょうでん》に落雷があり、大納言藤原清貫《ふじわらのきよつら》をはじめ朝廷要人に多くの死傷者が出た。これを目撃した醍醐天皇も体調を崩《くず》し、三カ月後に亡くなった。これらはみな道真の怨霊《おんりょう》の仕業とされ、特に清涼殿の落雷は雷神と化した道真が引き起こしたものだと信じられた。

道真の怨霊を鎮《しず》めるため、天暦《てんりゃく》元年（九四七）に朝廷は北野社において道真を神（天神）

歌舞伎『菅原伝授手習鑑』の登場人物「菅丞相」は菅原道真がモデル（「菅相丞　尾上菊五郎」〈部分〉／東京都立中央図書館特別文庫室蔵）

としてまつるようになった。その後、北野社は、本来は天皇や皇族をまつる神社の社号である「宮」を用いた「天満宮」と称されるようになり、皇族や貴族から一般庶民にいたるまで広く信仰を集めることとなった。

太宰府天満宮については、延喜十九年に道真の墓所の上に建てられた社殿が元となり、道真の天神信仰が広まっていくのにつれて多くの人々の崇敬《すうけい》を集めるようになったといわれている。そして中世のころになると、道真は「祟《たた》る神」よりも、むしろ「学問の神」として信仰されるようになった。

道真のように恨《うら》みを持って死んだり非業の死をとげたりした人が、怨霊となって天災や疫病をもたらすとみなし、その祟りを鎮めるためにその人を神としてまつることを「御霊《ごりょう》信仰」と呼び、ほかにも早良《さわら》親王や崇徳《すとく》上皇のような人物が信仰の対象としてまつられているが、道真の「天神さま」は、今となっては本来の「祟り神」としての性格が忘れられてしまうほど、広く人々に敬われる神となっている。

江戸時代になると道真の物語は『菅原伝授手習鑑《すがわらでんじゅてならいかがみ》』として翻案され、人形浄瑠璃《にんぎょうじょうるり》および歌舞伎の演目として人気を博した。今では『菅原伝授手習鑑』は『義経千本桜《よしつねせんぼんざくら》』『仮名手《かなで》本忠臣蔵《ほんちゅうしんぐら》』とともに三大名作と評されることも多い。この三作に共通するのは、いずれも不幸に見舞われる人物を主役としているが、人々が応援したくなる（いわゆる「判官《ほうがん》びいき」したくなる）人物であるという点であろう。こうした弱い立場の人間に同情する日本人のメンタリティーと、道真の人生が重なり合うことで、「天神さま」の信仰はこれほどまでに身近なものとなった。

九州で再起する平氏

「祇園精舎《ぎおんしょうじゃ》の鐘の声、諸行無常の響きあり」で始まる『平家物語』は、平氏一門の栄華からその滅亡までを描いて世の無常を説いている。一時期には絶大な権勢を誇った平氏であるが、一の谷の戦い、屋島の戦いで源義経《みなもとのよしつね》ひきいる源氏軍に連戦連敗し、ついには寿永《じゅえい》四年（一一八五）の壇ノ浦《だんのうら》の戦いに敗れ、滅亡にいたったのである。

この間、平氏はひたすら西に向かって撤退戦を余儀なくされたが、あるいは九州まで戻ることができたなら再起が可能であったかもしれない。というのも、平氏は一度、京都を追われながらも、九州で再起した経験があったからだ。

寿永二年（一一八三）五月の倶利伽羅峠《くりから》の戦いで平氏は源義仲《よしなか》の軍勢に敗れ、兵力の大半を失ったために、七月には安徳《あんとく》天皇と三種の神器を奉じて京都を脱出し、九州の大宰府まで撤退する。そこで平氏は勢力を立て直し、十月に備中国の水島《みずしま》で義仲軍と交戦し、これを壊滅させている。この水島の戦いは水上戦であり、もともと水上戦を得意とした平氏に対して、陸上戦は得意なものの水上戦には慣れていなかった義仲軍は、なすすべがなかったものと思われる。この戦いに勝利した平氏は、翌寿永三年一月にはかつて平清盛が遷都を計画した福原《ふくはら》まで勢力を押し戻すことに成功する。この時点で、平氏は中国・四国・九州を勢力下とし、京都を取り戻すまであと一歩というところまで来ていた。

しかし、その後の急激な戦況の変化は、平氏の予想をはるかに超えたものだった。同三年一月の宇治川《うじがわ》の戦いで義仲を滅ぼした義経軍は、翌二月に福原の平氏を奇襲し、これに壊滅的な打撃を与えた。これが一の谷の戦いである。水上戦が得意な平氏に対し、義経軍は山手側からいわゆる「鵯越《ひよどりごえ》の逆落《さかお》とし」によって奇襲することで、水上戦に持ち込ませることなく平氏を敗走させたのである。

敗れた平氏は屋島まで撤退するが、ここは平氏の水軍の拠点であった。現在の屋島は四国とつながって半島となっているが、当時は独立した島であったと推定され、まさに天然の要害であった。平氏は屋島に内裏《だいり》を置いて安徳天皇を奉じ、再起をかけるべく力を蓄《たくわ》えていた。源氏方は水軍を持っていなかったので、しばらく戦線は膠着《こうちゃく》した。

この隙をつくように元暦《げんりゃく》元年八月に源頼朝《よりとも》の命を受けて源範頼《のりより》が、九州への遠征に出陣する。この遠征軍には後に第二代執権となる北条《ほうじょう》義時《よしとき》や三浦《みうら》義澄《よしずみ》、千葉《ちば》常胤《つねたね》、比企《ひき》能員《よしかず》、和田《わだ》義盛《よしもり》といった後の鎌倉幕府の中心人物が加わっていたことから、その戦略的な重要性は明らかである。遠征軍は陸路、中国地方を西に向かって進軍し、各地で平氏側の勢力の抵抗にあって苦戦しつつも文治《ぶんじ》元年（一一八五）一月には周防《すおう》国（山口県）から豊後《ぶんご》国（大分県）に渡り、二月一日に筑前国葦屋浦《あしやうら》（福岡県遠賀《おんが》郡芦屋《あしや》町《まち》）で平氏方の原田《はらだ》種直《たねなお》を破ってそのまま大宰府や博多に進軍した。これにより源氏方は九州をおさえることに成功し、

源氏勝利の真の立役者だった源範頼
（『前賢故実』国立国会図書館蔵）

平氏方は瀬戸内海に孤立することとなってしまった。

葦屋浦の戦いから間もない二月十八日、源義経ひきいる源氏軍は屋島を奇襲する。義経は干潮の時を見計らって浅瀬を渡って屋島に上陸し、平氏方は船で海上に離脱した。海をはさんで両軍がにらみ合う中、起こった事件が、有名な「扇の的《おうぎまと》」のエピソードである。間もなくして、梶原景時《かじわらかげとき》が味方に引き入れた摂津《せっつ》国の水軍・渡辺党の大軍が屋島に迫ってきたため、平氏方はやむなく屋島から離脱し、周防国の彦島《ひこしま》まで撤退する。

彦島は関門海峡の西側の出入り口に位置し、現在では埋め立てによって下関の市街地とほぼつながっているが、もともとは独立した島であった。ここは平氏の拠点のひとつであり、壇ノ浦の戦いではここに平氏の本陣が置かれた。すでに九州は範頼の源氏方に押さえられていたため、平氏としては背水の陣での決戦である。ここで迎え撃つのは平氏の残存部隊の百余艘《そう》の水軍に、松浦党の百余艘、筑前国の豪族山鹿秀遠《やまがひでとお》の三百余艘の五百艘余りの兵力であった。対する源氏方の兵力は、摂津国の渡辺党に、伊予国の河野水軍、紀伊国の熊野水軍を加えての八百四十艘であった。

当初は地の利がある平氏優勢で戦局が進行した。関門海峡は潮流が激しく複雑で、それを熟知する平氏の水軍にとっては有利な条件であった。しかし、やがて形勢は逆転し、つ

壇ノ浦合戦の戦場跡にのぞむ「みもすそ川公園」内に立てられた「八艘飛びの源義経像」と「碇をかついだ平知盛像」（山口県下関市提供）

いに平氏方は壊滅し、平家一門は安徳天皇とともに海中へと没していった。

この形勢逆転の理由については様々な説が唱えられている。

当時の海戦では、非戦闘員の船の漕《こ》ぎ手《て》を攻撃するのは禁じ手であったが、源氏方はあえてそれを破って漕ぎ手を弓で射殺したのが勝因だったとする説もあるが、これは必ずしも裏付けのある話ではないようである。また潮《しお》の流れが反転し、源氏方が追い潮になったのが勝因であるという説も有名である。これも裏付けのある話ではなく、この海域に慣れた平氏方からすれば、潮の反転は十分予想できたことであるし、そもそも同じ潮流に乗っている限り、両者の相対速度に変化はないので、それが戦局に大きな影響を与えたとは考えにくい。

さらに『平家物語』では平家方の阿波重能《あわのしげよし》の水軍が寝返ったことが平氏の敗北を決定的にしたと記しているが、その正否については定まっていない。

戦況を大局的に見ると、九州を範頼におさえられた時点で、平氏の命運はほぼ尽きたのではないかと私は考える。仮に壇ノ浦の戦いで源氏方の撃退に成功したとしても、その返す刀で九州を奪還するのは至難《しなん》の業《わざ》であっただろう。その意味で、あまり多くを語られることはないが、範頼の九州遠征軍が源氏方勝利の真の立役者であったと言っても過言ではない。

再起をかけた足利尊氏の多々良浜の戦い

後醍醐《ごだいご》天皇による建武《けんむ》の新政の立役者のひとりであった足利尊氏《あしかがたかうじ》は、建武二年（一三三五）に北条氏の残党を掃討するために鎌倉に下ったが、戦《いくさ》が終わってもそのまま鎌倉に居座り、天皇の命令を無視するようになった。これに対して後醍醐天皇は新田義貞《にったよしさだ》に尊氏追討を命じる。尊氏は義貞の追討軍を箱根・竹ノ下の戦いで破り、そのまま新田軍を追撃して京都まで進軍する。しかし、延元《えんげん》元年（一三三六＝建武三）に尊氏は朝廷側の楠木《くすのき》正成《まさしげ》・

北畠《きたばたけ》顕家《あきいえ》の軍と交戦して敗れ、瀬戸内海を海路、西へ逃れ、再起をかけて九州にいたった。

尊氏は九州で、大宰府を拠点とする少弐《しように》頼尚《よりひさ》に迎えられる。少弐氏は、その祖先が大宰府の次官である大宰少弐に任命されたことからその姓を名乗るようになったといわれる。後醍醐天皇による討幕運動においては朝廷側に呼応し、大友貞宗《おおともさだむね》らとともに鎌倉幕府の九州の出先機関であった鎮西探題《ちんぜいたんだい》を滅ぼした。

少弐頼尚は落ち延びてきた尊氏を赤間関《あかまがせき》（下関）に迎えに行って、そこで尊氏と合流するが、その隙《すき》をついて肥後国の武将であった菊池武敏《きくちたけとし》が大宰府を攻撃し、頼尚の父である少弐貞経《さだつね》を自害させた。菊池武敏は、筑前国の秋月種道《あきづきたねみち》、肥後国の阿蘇惟直《あそこれなお》、筑後国の蒲《かま》池《ち》武久《たけひさ》・星野家能などを味方につけ、建武三年三月に頼尚・尊氏の軍と筑前国の多々良浜《たたらはま》（福岡市東区）で対峙した。

この背景には九州の中における少弐氏と菊池氏の因縁があったと考えられる。菊池武敏の父である菊池武時《きくちたけとき》は、後醍醐天皇による討幕運動の呼びかけに対して九州で最も早く応じた人物であった。彼は元弘《げんこう》三年（一三三三＝正慶《しょうきょう》二）三月に挙兵し、博多の鎮西探題を攻撃した。この際に少弐貞経や大友貞宗にも同調するように使者を送ったが、両者ともこれを無視して支持しなかった。その結果、孤立した菊池武時は鎮西探題の軍に敗れ、一族

菊地方6万、足利方1千との説もある
（多々良浜古戦場跡碑／福岡市提供）

はことごとく処刑された。五月に鎌倉幕府が滅亡した知らせが九州まで届くと、少弐貞経と大友貞宗は手のひらを返して鎮西探題を攻撃し、これを滅ぼした。

生き残った菊池武時の息子の武敏にしてみれば、少弐貞経は父を見殺しにして手柄を横取りした敵とも言える相手である。彼は少弐貞経を討って、その息子の頼尚と多々良浜で対峙することになったわけであるが、いわばそれは少弐氏と菊池氏の二代にわたる因縁に決着をつける場ともなったのだ。

菊池軍が九州の諸将を味方につけ二万の兵力を擁していたのに対し、足利・少弐軍はわずかに二千ほどと、その差は歴然であった。これには尊氏も絶望し、一度は自害を考えるが、弟の直義《ただよし》が諫《いさ》めたので思いとどまったといわれている。尊氏にしてみれば、まさに生涯のうちでも最大の窮地だったのである。

尊氏以上に勇猛果敢かつ冷静沈着といわれる直義は、わずか百五十騎で菊池武敏ひきいる五千の軍に突撃をおこない、これを打ち破った。これをきっかけに戦況は逆転し、菊池方に多くの裏切りが出たため戦線が崩壊し、総崩れとなった。

足利・少弐軍の勝因は、直義の活躍も大きかったが、菊池軍の結束が十分でなかったことも大きかっただろう。勝利した尊氏は、この戦いの後に九州のほとんどの武将たちを味方につけることに成功した。このことから、九州の武士たちの多くは心の底から朝廷側を支持していたというわけではなく、足利方が優勢と見てそちらにつくという日和見《ひよりみ》的な態度であったことがうかがわれる。

ここで一気に勢いを得た尊氏は、再度京都に向けて進軍し、五月に摂津《せっつ》国の湊川《みなとがわ》（神戸市中央区・兵庫区）で宿敵の新田義貞・楠木正成を破った。『太平記』によると、朝廷軍が五万の兵であったのに対し、足利軍は五十万の兵と、圧倒的な差であったと伝えられる。この数字には多少の誇張があるにせよ、わずか二カ月ほどの間で足利軍がこれだけの兵力を擁することができたのは驚くべきことである。その背景には、九州のほぼすべての武士が足利方についたことが大きかったと考えられる。こうしたことから、多々良浜の戦いは尊氏にとって大きなターニングポイントとなったのである。

多々良浜の戦いで敗れた菊池武敏は、生き残ってその後も九州でゲリラ戦を展開して足利方と戦い続けた。南北朝時代においても菊池氏は南朝側に立って勢力を保ち、南北朝の統一後も肥後国の守護職として血脈を保った。明治維新の立役者である西郷隆盛《さいごうたかもり》は、菊池氏の子孫といわれている。

南北朝での大宰府の攻防

多々良浜の戦いの後、一時は九州の武将のほとんどは足利方に味方するようになった。その後、後醍醐天皇が吉野《よしの》に逃れて南朝が建てられ、南北朝時代が始まると、九州はふたたび混迷の状況へおちいっていく。

こうした状況で頭角をあらわしたのが菊池《きくち》武光《たけみつ》である。彼は菊池武時の息子で、多々良浜の戦いで足利尊氏と戦った菊池武敏の兄弟である。武光は肥後の武将であった阿蘇《あそ》惟澄《これずみ》とともに南朝方に立って北朝の軍と戦い、その勢力を広げていった。興国《こうこく》二年（一三四一＝暦応《りゃくおう》四）には、南朝の征西大将軍として九州の薩摩《さつま》に上陸した懐良《かねなが》親王を迎え、正平《しょうへい》三年（一三四八＝貞和《じょうわ》四）には菊池氏の本拠地である隈府《わいふ》城（熊本県菊池市）に征西府を開いた。

一方の北朝・幕府方は、博多に鎮西総大将として足利氏の家臣である一色範氏《いっしきのりうじ》を置いた。

このことは多々良浜の戦いで足利尊氏を支持した少弐頼尚からの反発を招いた。少弐頼尚からすれば、在地の実力者である自分を差し置いて、よそ者である一色範氏が北朝方の総大将であるのは面白くなかったであろう。

血まみれの太刀を洗った故事にちなむ菊池武光像（©福岡県観光連盟）

観応《かんのう》元年（一三五〇）、観応の擾乱《じょうらん》と呼ばれる幕府内の内紛で、足利尊氏と、その弟であり幕府創業の最大の功労者である足利直義が対立するようになると、直義は養子の足利直冬《ただふゆ》を九州に派遣した。少弐頼尚はこれを支援し、九州は幕府・直冬・南朝の勢力が争う三《み》つ巴《どもえ》の状態となった。

文和《ぶんな》元年（一三五二）に尊氏によって直義が倒されると、直冬は九州から撤退した。それを機に一色範氏は少弐頼尚を攻めたが、少弐頼尚は何と菊池武光に助けを求めた。少弐氏と菊池氏はいわば不倶戴《ふぐたい》天《てん》の敵であったにもかかわらず、である。菊池武光は一色範氏を大宰府近くの針摺原《はりするばる》の戦いで打ち破り、一色氏は九州から撤退する。
しかし、今度は少弐頼尚が幕府方に転じたため、菊池武光ら南朝方は正平十四年（一三五九＝延文《えんぶん》四）に筑後川の戦いで少弐頼尚を破り、正平十六年（慶安《けいあん》元）には少弐氏の拠点であった大宰府を制圧する。これによって南朝方は九州をほぼ手中におさめることとなった。

　このように南北朝の戦いは、九州においては南朝方の優位で戦局が推移したが、ほかの地域では苦戦を余儀なくされていた。正平三年に四条畷《しじょうなわて》の戦いで楠木正行《まさつら》が戦死し、正平九年に南朝の軍事的な指導者であった北畠親房《ちかふさ》が死去すると、南朝は次第に劣勢に立たされるようになり、ついには懐良親王ひきいる九州のみが残される状況となってしまった。

　正平二十二年、幕府は今川貞世《いまがわさだよ》（了俊《りょうしゅん》）を九州探題に任命し、九州への総攻撃を開始した。今川貞世は足利一門の名門とされる今川氏の出身で、和歌や文学にも秀《ひい》でた人物であった。文中《ぶんちゅう》元年（一三七二＝応安《おうあん》五）に大宰府を攻撃し、懐良親王、菊池武光ら南朝方を隈府城まで撤退させた。こうして南朝方は、十一年にわたって九州を支配した拠点である大宰府を失うこととなった。

　この大宰府の陥落をきっかけに南朝方は次第に追い詰められていく。文中二年（応安六）、戦の最中に菊池武光が死去し、弘和《こうわ》元年（一三八一＝永徳《えいとく》元）には菊池氏の本拠地である隈府城も落城する。弘和三年には懐良親王も征西大将軍の地位を甥の良成《ながなり》親王に譲り、筑後国矢部《やべ》（八女市）で病死する。元中《げんちゅう》八年（一三九一＝明徳《めいとく》二）には良成親王も幕府に降伏し、長きにわたった九州での南北朝の戦いも終止符を迎えたのであった。

明が「日本国王」とした懐良親王

南北朝時代に九州を支配下に置いた懐良親王は、中国大陸の明《みん》王朝によって「日本国王」と呼ばれたことでも知られる。この「日本国王」という称号だが、必ずしも懐良親王が望んで得たものではなかった。

当時の明王朝は、東シナ海沿岸で略奪行為をおこなう倭寇《わこう》の存在に苦しめられていた。倭寇とは、海賊行為や密貿易をおこなう貿易商人たちのことで、十四世紀前後に盛んになった前期倭寇と、十六世紀前後に盛んになった後期倭寇に分けられるが、このうち南北朝時代に暗躍したのは前期倭寇であり、瀬戸内海や九州を拠点とする海人《かいじん》たちがその中心的な担い手であったと考えられる。一三九二年の朝鮮半島の高麗《こうらい》王朝の滅亡の一因ともなり、一三六八年に建国されたばかりの明王朝にとっても、倭寇の鎮圧は死活問題であった。

明王朝の創始者である朱元璋《しゆげんしよう》（太祖《たいそ》）は、一三六九年（正中二十四）に九州にいる懐良親王に使者を派遣し、倭寇の鎮圧を「日本国王」に命じる国書を手渡した。国書の内容は高圧的なもので、「もし倭寇を放置するなら、明は軍を派遣して倭寇を征伐し、『国王』を捕らえる」という内容のものであった。これに反発した懐良親王は明の使節団をつかまえ、数人を殺害した。

ここで注意しなければならないのは、当時の日本と中国は国交断絶状態にあったということである。一二七四年（文永十一）と一二八一年（弘安四）に元寇が起こって以来、両国の正式な外交関係は断絶しており、元王朝の後を継いだ明王朝も日本との間に外交関係を結んでいなかった。またこの時期は日本においても南北朝の戦いの最中であり、日本の外交の主体が不明瞭な時期であった。一方、建国間もない明王朝にとっても、日本の国内事情に明るくなかったという事情もあった。ともかく、明王朝は九州を支配する懐良親王を「日本国王」とみなし、使者を派遣してきたのである。

ちなみに、この「国王」という表現が、今日で言う「国の元首」を指すのではない点も注意すべきである。その背景には、中国の皇帝が世界の中心におり、周辺の野蛮な国の首長を「国王」に封じることによって支配下に置くという「冊封体制《さくほう》」が前提となっている。

これは一般的には「中華思想」と呼ばれるものであるが、いわば「国王」になるということは、中国の皇帝に従属することを意味していたのである。

明の歴史書『明史』によると、懐良親王は明からの国書に対して挑発的な返信をしたと記されている。それによると、「中華に君主がいるだけで、夷狄《いてき》に君主がいないことになるだろうか。もし君主（太祖）が勝利して臣下（自分）が負ければ、しばらくは大国の心を満たすことができようが、臣下が勝利して君主が負ければ、むしろ小国に恥をさらすことになるだろう」と記し、大国にも屈しない懐良親王の覚悟が示されている。この返信を受けた太祖は激怒して日本を攻めようとしたが、元寇で失敗した先例があることを臣下に諫《いさ》められて断念したと伝わっている。

同じく明の歴史書である『明実録』の「太祖実録」には、太祖は翌年に再度、使者の趙《ちょう》秩《ちつ》を懐良親王のもとに送り、今度は懐良親王を屈服させて「日本国王良懐」として封じたと記されている。ただし、この記述はあくま

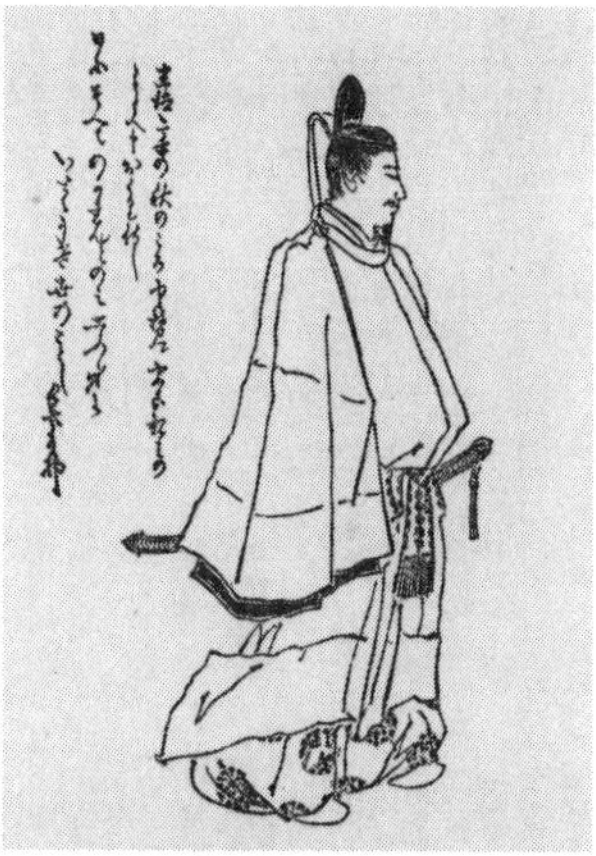

一時は九州を平定した懐良親王（『前賢故実』国立国会図書館蔵）

で趙秩の報告に基づいたものであり、そうした事実があったかどうかは疑問視されている。

明王朝としては、体面上は懐良親王を「日本国王」として冊封したため、一三七二年に爵号《しゃくごう》を授けるための冊封使を九州に派遣した。ところが、この年に懐良親王は幕府方の攻勢に押されて大宰府から撤退し、北部九州は九州探題の今川貞世の支配下にあったため、博多に到着した明の使者は今川貞世に捕らえられ、目的を果たすことができなかった。

一方、明王朝にとっては「日本国王良懐」を冊封したことが既成事実となった。そのため、懐良親王が九州を追われた後になっても、九州の島津氏などの大名や幕府が明との貿易をおこなう際には「日本国王良懐」を詐称《さしょう》するという変則的な外交関係の時期が続いた。

その後、日明貿易の一元的な支配を目指す足利三代将軍の義満《よしみつ》は、明に外交を求めて何度も使節を派遣するが、そのたびに拒否された。というのも、明王朝は義満を「良懐」と対立する「持明《じみょう》」なる人物の家臣とみなしていたからである。この「持明」という表現は、北朝の皇統である持明院統のことを明側が人物名と誤解していたことによるのだろう。

こうしたこともあり、義満は応永《おうえい》元年（一三九四）に征夷大将軍と太政《だじょう》大臣の職を辞して出家し、建前上は天皇の臣下である身分から離れた。その上で応永八年に「日本准三后《じゅさんごう》道義」と称して明に使節を送り、「日本国王源道義」として明王朝の冊封を受けることに成功した。これによって義満は日明貿易を独占し、北山《きたやま》文化が花開く室町時代の最盛期を築くことができたのである。

キリシタン王国を目指す大友宗麟

豊後国を本拠地とする戦国大名の大友宗麟《おおともそうりん》はキリシタン大名としても知られる。戦国大名にはキリスト教に改宗したものも多いが、その動機はいろいろで、ポルトガルなどとの南蛮貿易を有利に進めるための手段としてキリシタンになったものもいる一方で、高山右近《たかやまうこん》のようにその信仰に殉《じゅん》じるまでに敬虔《けいけん》なキリシタンになったものもいる。そうした中で、大友宗麟の信仰は「狂信的」とも言えるものであったことは確かであろう。

宗麟がキリスト教にふれたのは、フランシスコ・ザビエルが天文《てんぶん》二十年（一五五一）に豊後国を訪れた時である。宗麟は彼を保護し、自らもキリスト教に傾倒していった。天正六年（一五七八）には宣教師のフランシスコ・カブラルから洗礼を受け、正式にキリスト教徒となった。

このころの宗麟はまさに人生の最盛期で、一時は九州の六カ国を支配して版図を広げ、あるいは天下をうかがうことも不可能ではない勢力となっていた。そうした中で宗麟は「キリシタン王国」の設立を目指していたともいわれている。

宗麟は領民や家臣にもキリスト教への入信を勧め、自らキリスト教徒としての生活を実践し、金曜日と土曜日には断食《だんじき》をして過ごした。彼の支配する城下町の府内（大分県大分市）や臼杵《うすき》（大分県臼杵市）にはキリスト教の教会が建てられた。宣教師が伝えた西洋医学による診療所を作り、領民は無料で診察が受けられるようにもした。さらに臼杵城で籠城戦となった時には、キリスト教徒もそうでないものも城内に避難させ、自ら握り飯などを配るという慈悲深い領主としての顔を見せた。

その一方で、神社仏閣を徹底的に破壊するという過激な行動も起こした。元亀《げんき》元年（一五七〇）には府内の万寿寺《まんじゅじ》を焼き打ちにした。万寿寺は大友氏にゆかりのある寺院であり、「方八町の寺内に三百余箇所の大伽藍《だいがらん》」と呼ばれるほどの大規模な寺院であった。ここには三千人ほどの山伏《やまぶし》がいたとされており、また各地に寺社領を有する一大勢力であったようである。

また天正九年には宗麟は修験道《しゅげんどう》の道場があった彦山《ひこさん》（大分県中津市）を焼き打ちしている。彦山にも数千人の山伏がおり、大名に匹敵する勢力であったといわれている。この彦山が秋月種実《あきづきたねざね》と軍事同盟を結んだため、宗麟はここを徹底的に破壊している。

このように宗麟による寺社仏閣の破壊は、必ずしもキリスト教信仰に基づく「偶像破壊（アイコノクラズム）」という面だけでなく、軍事力・経済力を持って大名と対抗する存在となっていた寺社勢力の力を削《そ》ぐという面があったことも確かであろう。こうした寺社への弾圧が、結果的に家臣の反発や離反を招き、大友氏の衰退の要因のひとつとなったのは皮肉なことである。

ところで、宗麟はキリシタン大名として南蛮貿易を推《お》し進めたが、その中でも東南アジア方面との貿易に積極的であった。宗麟の本拠地であった府内の発掘調査では、ベトナム陶器など東南アジアからもたらされた遺物が数多く見つかっている。天正元年にはカンボジア王国へ使節を派遣し、カンボジア国王との間で外交関係を樹立することに成功している。当時のカンボジア王国はメコン川中流域のロンヴェークを首都としており、その郊外のポニャールーには日本人町も築かれた。ポニャールーには教会が建てられたと言い伝えられており、おそらく大友氏と関係のある日本人のキリシタンがかの地に渡って築いたものと考えられる。

余談だが、カボチャはカンボジアから豊後国に初めてもたらされたため、カンボジアにちなんで名付けられたといわれている。

九州制覇をもくろむ黒田如水

福岡藩の藩祖である黒田《くろだ》如水《じょすい》は、豊臣秀吉による九州征伐に加わって九州に上陸した。九州平定後は、石田《いしだ》三成《みつなり》とともに博多の街の復興に尽力し、「太閤《たいこう》町割り」と呼ばれる都市整備をおこなった。

天正十五年（一五八七）に如水は豊前国の六郡十二万石を与えられ、中津城（大分県中津市）を築いて居城とする。しかし、豊前国は在地の勢力が反抗を続けていて統治の難しい土地であった。同じ年、肥後国を与えられた佐々《さっさ》成政《なりまさ》は、在地勢力による国人一揆の鎮圧に失敗してその責任を取らされ切腹している。

豊前国でも肥後国の国人一揆に呼応し、城井《きい》鎮房《しげふさ》が挙兵して反乱を起こした。城井鎮房は怪力無双で強弓の使い手であったと伝えられ、もともと城井《きい》谷《だに》城（福岡県築上郡築上町）を本拠とする武将であったが、秀吉によって伊予国への転封《てんぷう》を命じられていた。ところが、彼はその命令を無視し、城井谷城に立てこもって反乱を試みた。最初は如水の跡継ぎである黒田長政《ながまさ》が討伐に向かうが、城井鎮房はゲリラ戦を駆使してこれを撃退した。そこで黒田方は城井方に味方する国人勢力をひとつひとつ攻め下し、持久戦で城井方を追い詰めて

鎮房家臣の待機所だった合元寺。黒田方に急襲され、奮戦むなしく討死した。寺の壁には血痕が残り、仕方なく壁を赤く塗ったという

いった。その結果、天正十五年十二月に城井鎮房は降伏を受け入れ、娘の鶴姫を黒田氏への人質として差し出す代わりに、城井氏の本領は安堵《あんど》されることとなった。

しかし、如水は長政に謀略を授け、翌天正十六年四月に城井鎮房を中津城での酒宴に誘い出し、そこで不意打ちにして殺害し、残った一族も次々と殺害した。人質となっていた鶴姫も磔《はりつけ》にされて殺害された。如水はキリシタン大名や茶人としての文化的な一面を持つ一方で、謀略によって敵を滅ぼす無慈悲な一面も持ちあわせた人物であった。

慶長《けいちょう》五年（一六〇〇）の関ヶ原の戦いでは、如水はいち早く東軍支持の方針を固め、徳川家康と密約を交《か》わす。表面的には西軍に味方

するふりをし、東に向かう九州の西軍の部隊を素通りさせた。その上で、長政に黒田家の主力の軍を預け、家康の軍に同行させて東に向かわせる一方、自らは九州で西軍に味方した大名との戦いに専念することとした。まず中津城に蓄えていた軍資金をすべて放出して兵を雇《やと》い、一万ほどの兵力を確保した。

九月九日には西軍についた大友義統《よしむね》が豊後国に攻めてきて、東軍についた細川忠興《ほそかわただおき》の杵《き》築《つき》城（大分県杵築市）を攻撃したため、如水の軍がこれと交戦し打ち破った。

九月十九日には関ヶ原の戦いで東軍が勝利したニュースをつかみ、その勢いをかりて臼杵城や久留米《くるめ》城、柳川《やながわ》城といった西軍方の城を次々と落とした。また関ヶ原の戦いに敗れて撤退してきた島津《しまづ》義弘《よしひろ》の軍船を焼き沈めた。

十一月には鍋島直茂《なべしまなおしげ》、加藤清正、そして東軍に降伏した立花宗茂《たちばなむねしげ》の軍を加えて島津氏の討伐に向かうが、家康と島津義久《よしひさ》との間で和議が成立したため兵を引いた。

この九州での戦いに際し、如水は藤堂高虎《とうどうたかとら》を通して家康に、九州で切り取った領地をすべて黒田家のものとする「領地切り取り次第」を申し入れたといわれている。戦いの終結後、結果的に如水が獲得した領地のすべてが黒田家のものとなったわけではなかったが、黒田家は博多を含む筑前国五十二万石を与えられた。

如水による九州制覇の夢は実現しなかったが、慶長五年十月に如水が吉川広家《きっかわひろいえ》に宛《あ》てた書状には、「関ヶ原の戦いがもう一カ月も続いていれば、中国地方にも攻め込んで華々しい戦いをするつもりであったが、家康の勝利が早々と確定したために何もできなかった」と記されており、ここから如水は天下を狙っていたという俗説が生まれたといわれている。

実際の如水は、その後は穏《おだ》やかな人生を過ごすことを選んだ。家康は如水に、黒田家とは別に領地の加増を提示するが、如水はこれを辞退したとされる。隠居生活に入ると、晩年は福岡城内にある御鷹屋敷や太宰府天満宮内の草庵で静かに余生を過ごした。

如水が隠居生活を選んだ理由は、家康に野心を疑われて粛清されるのを避けるためだったとも考えられるが、もともと如水自身が穏やかな性格であったためではないかと私は考えている。確かに城井鎮房をだまし討ちにして一族を皆殺しにするなど冷酷な一面も持つ人物であったが、一方で、秀吉の備中高松城の水攻めを提案したのは如水ともいわれているることから、無駄な血を流さずに勝つことを優先するような人物であった。

慶長九年に亡くなった時の辞世の句は「おもひをく言の葉《ことは》なくて つゐに行く 道はまよはじ なるにまかせて」であり、思い残すことなく人生の幕を引くことができた彼の本心をうかがうことができる。

旧領に返り咲く立花宗茂の意地

筑後柳川藩の藩祖となった立花宗茂は、関ヶ原の戦いで西軍に味方し、改易の憂《う》き目《め》にあいながらも、その後、旧領を回復して大名に返り咲くことを成し遂げた稀有《けう》な人物である。

宗茂は若い時よりその器量が高く評価されていた。彼は大友宗麟の重臣である高橋紹運《たかはしじょううん》の長男として永禄《えいろく》十年（一五六七）に生まれたが、天正九年（一五八一）に大友家の宿老である立花道雪《どうせつ》の養子となった。立花道雪は義に厚《あつ》い武人として名を成した人物であり、敵である龍造寺《りゅうぞうじ》隆信《たかのぶ》や鍋島直茂もその人柄をたたえるほどであった。彼は若い時に落雷にあって半身不随となり、歩行が困難となったが、戦場では従者にかつがせた輿《こし》に乗って、自らは名刀「雷切《らいきり》」と鉄砲をたずさえ、戦場を駆け回ったといわれる。輿をかついだ従者たちは、どんな危険な戦場であっても決してかつぐことをやめなかったといわれており、家臣から信頼されているその人柄がうかがわれる。

天正十三年に道雪が死去し、名門の立花家を継いだ宗茂であったが、さっそく試練が降りかかってきた。豊臣秀吉の九州征伐に帰順した大友氏に対し、島津氏が攻撃を仕掛けてきたのである。天正十四年七月に島津義久が筑前に侵攻し、岩屋《いわや》城・宝満山《ほうまんざん》城（ともに太宰府市）を落城させた。岩屋城の落城に際しては実父の高橋紹運が戦死し、島津軍は宗茂の立てこもる立花山《たちばなやま》城（福岡市東区）に迫った。立花山城は博多の街を見下ろす山城であり、戦略的に最も重要な拠点のひとつであった。宗茂は少数の兵にもかかわらず島津氏の大軍に徹底抗戦し、八月には島津軍を撤退に追い込んだ。

その後、宗茂は秀吉の九州平定軍の一員として九州各地で転戦し、島津氏らと戦った。九州平定後はその活躍が秀吉からも認められ、筑後国柳川十三万二千石を与えられ、大友氏から独立した大名として取り立てられた。

九州一の武将と秀吉に絶賛された立花宗茂（模写／東京大学史料編纂所蔵）

その後も肥後国で起こった国人一揆の鎮圧にあたったり、秀吉による小田原攻めに従軍したり、朝鮮出兵では各地で転戦したりと、豊臣政権下において忠実な直臣《じきしん》大名として活躍した。

関ヶ原の戦いでは、徳川家康から法外な恩賞を約束に東軍につくように誘われたが、宗茂は「秀吉公の恩義を忘れて東軍側につくのなら、命を絶った方がいい」と言い拒絶している。西軍に参加した宗茂は、関ヶ原の本戦には参加せず、おもに近畿地方の戦線で東軍方についた大名の攻撃を担当した。しかし、関ヶ原の戦いで西軍の敗北の知らせを受け取り、やむなく自領の柳川に撤退することとなった。

この時、関ヶ原の戦いからからくも脱出した島津義弘を同じ船に乗せ、九州へ送り届けることとなった。

関ヶ原の戦いでは、西軍の敗色をさとった義弘は徳川家康の本陣に突撃をかけ、そのまま突き抜けて逃げ延びるという捨て身の作戦をとった。この撤退戦は「島津の退《の》き口《ぐち》」と呼ばれている。義弘は生き残ることができたが、甥《おい》の島津豊久《とよひさ》が犠牲となり、ほとんどの兵力を失ってしまった。

宗茂にとって島津氏は因縁の宿敵であり、実父の高橋紹運の敵でもある。宗茂の家臣たちは「今こそ父君の仇《かたき》を討つ好機なり」と進言したが、宗茂は「敗軍を討つは武家の誉《ほま》れにあらず」とそれを拒否し、義弘をともなって無事に九州まで帰還した。

居城である柳川城（福岡県柳川市）に戻ることができた宗茂であったが、すぐに黒田如水をはじめとする東軍方の大名たちが攻めてきたため、これを迎え撃たねばならなかった。

「凡将でも1年、名将なら3年は落ちない」と言われ、戦闘による落城は一度もなかった。柳川城跡(〈一社〉柳川市観光協会)

多勢に無勢であり、十月二十一日に東軍に降伏して柳川城を明け渡した。

その後、宗茂は改易されるものの処罰はまぬがれ、浪人として過ごすこととなった。加藤清正や前田《まえだ》利長《としなが》から家臣になるように誘われたものの固辞したといわれている。各地を転々としていたが、慶長九年(一六〇四)に家康に召し出されて幕府の御書院番頭という任を五千石で命じられた。その後、陸奥国《むつ》棚倉《たなくら》に一万石を与えられて大名となり、数回の加増を経て三万五千石の大名となった。

慶長十九~二十年の大坂冬の陣・夏の陣では、第二代将軍の徳川秀忠《とくがわひでただ》の参謀役として従軍した。その後、元和《げんな》六年(一六二〇)には幕府から筑後国柳川十万九千二百石を与えられ、ついに旧領に返り咲いたのである。さらに寛永《かんえい》十五年（一六三八）には島原の乱の平定にも従軍し、総大将の松平 信綱《まつだいらのぶつな》を補佐した。

第三代将軍の徳川家光《いえみつ》の時代においても、宗茂は重用され、しばしば上洛や日光参詣など幕府の重要な行事に随伴した。戦国乱世が遠くなり、当時を知らない世代が増える中、宗茂や伊達《だて》政宗《まさむね》、真田《さなだ》信之《のぶゆき》などのベテラン大名たちは、いわば幕府のアドバイザー的な立場として特別扱いを受けており、幕閣の中でもある種のあこがれと畏敬《いけい》の念を持って見られていたようである。とりわけ、宗茂は秀吉への恩義に報《むく》いるために東軍につくのを断ったり、敵である島津義弘を助けたりと、義理堅い性格であったために敵味方を問わず多くの人から愛され、だからこそ平和な時代まで生き残って天寿をまっとうすることができたのであろう。

新政府への不満が爆発した「秋月の乱」

明治維新後、立て続けに不平士族による反乱が各地で起こった。明治七年（一八七四）に佐賀県で起こった佐賀の乱、明治九年に熊本県で起こった神風連《しんぷうれん》の乱、福岡県で起こった秋月の乱、山口県で起こった萩の乱がそうであり、一連の反乱は明治十年に鹿児島県で起こった西南戦争が最大で最後のものとなる。

これらの不平士族の反乱は、武士としての特権を奪われた士族が明治新政府へ不満をいだき起こしたものとみなされることが多い。事実、王政復古により成立した明治政府は、四民平等政策を打ち出し、大名、武士階級を廃止してこれを華族、士族とした。さらに秩《ちつ》禄処分《ろくしょぶん》により俸禄《ほうろく》（家禄）制度は撤廃され、士族は収入を失った。さらに廃刀令の施行によって、刀を持つなど身分的特権も廃止された。文明開化の名のもとに進められた西洋技術・文化の輸入は、武士たちがこれまで保持してきた倫理観や道徳観とは大きく異なるものであった。

しかし、一連の不平士族の反乱は、江戸時代の幕藩体制に回帰したいという守旧的な動機からでは必ずしもなかった。むしろ、反乱を起こした士族たちには、勤皇《きんのう》思想を強くいだいたものが多かったのである。

たとえば、佐賀の乱の首謀者である江藤新平《えとうしんぺい》は「維新の十傑」に数えられるほどの明治維新の立役者の一人であった。神風連の乱を起こした敬神党《けいしんとう》というグループも、もとは肥後藩の勤皇党が母体であった。そのメンバーには神職が多く、周囲から「神風連」と呼ばれていたため、この反乱は「神風連の乱」と呼ばれるようになった。また萩の乱も、松下《しょうか》村塾《そんじゅく》で吉田松陰《よしだしょういん》から薫陶《くんとう》を受けた前原一誠《まえばらいっせい》が主導し、旧藩校の明倫館《めいりんかん》を拠点に集まった同志が蜂起《ほうき》したものである。

福岡で起こった秋月の乱も、秋月党と呼ばれる勤皇思想をいだいた同志が蜂起したものであった。彼らは熊本の敬神党と連絡を取り合い、明治九年十月二十四日に敬神党が蜂起すると、それに呼応して二十七日に蜂起した。秋月党は旧豊津藩《とよつ》（旧小倉藩《こくら》）の士族とも連絡を取り合い、同時に蜂起することで、全国で同時多発的な反乱を引き起こそうと計画していたようである。

しかし、残念ながら彼らの見通しは甘かった。熊本での敬神党の反乱はわずか二日で鎮圧されてしまったが、その知らせが届く前に秋月党は決起してしまう。さらに、二十九日に秋月党の連絡要員が小倉に到着するが、旧豊津藩士たちはすでに決起しない方針を固めていたため、徒労に終わってしまった。

そうしている間に、鎮台があった小倉を出陣した乃木希典《のぎまれすけ》ひきいる政府軍が秋月党を攻撃し、三十一日には秋月党の主要メンバーが自刃《じじん》した。その後も残党が抵抗を続けたが、やがて鎮圧された。十二月三日に福岡臨時裁判所で反乱に加わった関係者への判決が言い渡され、首謀者二人が即日斬首され、残りのものにも懲役《ちょうえき》などの刑が下された。

豊津（福岡県北東部）で乃木軍と戦う秋月党（仮名垣魯文編『西南鎮静録　續編上』／国立国会図書館蔵）

一連の反乱を起こした士族らにとっては、明治新政府への不満はあっても、天皇に弓引いて国家転覆をはかろうとする意思はなかった。むしろ、自分たちの掲《かか》げる精神こそが明治維新のあるべき姿であったと信じていたのだろう。そうした彼らからしてみれば、尊王攘夷から文明開化へと手のひらを返すような方針転換をしたり、維新の主役であった下級武士たちの居場所を奪うような政策を出したりするような新政府は、裏切りもののように感じたはずだ。

なお、乱の舞台となった秋月は、もともと福岡藩から分かれた藩であり、五万石の知行地を持っていた。秋月藩の所領の多くは山間地で、農業生産力も低かったため、常に藩の財政は厳しく、そのため質素倹約、質実剛健の気風がはぐくまれたといわれている。そうした秋月藩の人々の気質も、こうした反乱につながっていく要因のひとつとなったのかもしれない。

維新の終結となった「西南戦争」

明治七年（一八七四）の佐賀の乱に始まり、明治九年の神風連の乱、秋月の乱、萩の乱と続いた不平士族たちによる一連の反乱は、明治十年に鹿児島県で起こった西南戦争が最大で最後のものとなった。そして、この戦いは士族を中心とした西郷軍に、徴兵を主体とした政府軍が勝利したという意味において、サムライによる最後の戦いであった。

そもそも西南戦争の首謀者である西郷隆盛《さいごうたかもり》は、明治維新の最大の功労者でありながらも、「明治六年の政変」で明治新政府を去って下野していた。政変の直接の原因は征韓論《せいかんろん》をめぐる新政府内の対立であり、西郷は征韓論を強く主張する立場であった。征韓論とは武力によって朝鮮半島を侵略するという主張であるが、その背景には士族の不満をそらすという目的があったものと考えられる。

明治新政府は明治二年の版籍奉還《はんせきほうかん》により、武士階級を解体して、大名を華族、それ以外の大多数を士族とした。その結果、士族はこれまでのように藩から家禄を与えられるのではなく、政府から直接、秩禄を与えられることとなった。しかし、士族の数は多く、その秩禄支給は政府の財政を圧迫することとなった。

一方で、政府は近代的な軍隊をつくるために徴兵制の導入を進め、明治六年に徴兵令が発布されることとなった。これにより戦闘のプロフェッショナルとしての士族の存在意義がおびやかされるようになった。そのため西郷をはじめとする征韓論者は、対外戦争をいわば士族の「失業対策」に活用しようとしたと考えられる。

征韓論をめぐる論争は、結局、西郷らの征韓論者が退《しりぞ》けられた。その後、明治九年の秩禄処分と廃刀令によって士族の特権が奪われ、士族の不満がさらに高まることで、一連の不平士族の反乱が引き起こされることになった。これらの反乱は個別に鎮圧されていったが、それでも収まらない不平士族たちは、鹿児島に下野した西郷のもとに続々と集まることとなったのである。

このころの鹿児島では、西郷が創設した私学校と呼ばれる学校を拠点として西郷に共鳴《きょうめい》する若者たちが集結し、その影響力は県政にもおよび、鹿児島自体が一種の独立国のような状態になっていた。

さらに鹿児島の草牟田《そうむた》には、陸軍の主力装備であったスナイドル銃の弾薬を作る、全国で唯一の製造工場が所在していた。明治十年一月、政府はこの鹿児島にあった弾薬製造設備を秘密裏に大阪に搬出したが、そのことが私学校の青年たちの怒りに火をつけ、彼らは草牟田の火薬庫を襲撃して武器類を奪い取った。これが引き金となり、大規模な戦争へと発展していくこととなったのである。

スナイドル銃の弾薬製造設備を政府に奪われたとはいえ、鹿児島には高い戦闘能力を誇る旧薩摩藩士をはじめとする旧士族が多く集まっていた。一方の政府軍は、その主体が徴兵による兵力であり、またスナイドル銃の弾薬の備蓄がほとんどなく、大阪での弾薬生産が軌道に乗るには、もう少し時間が必要だった。事実、早くも三月には政府軍のスナイドル銃の弾薬は消耗《しょうもう》して、旧式のツンナール銃（ドライゼ銃）で戦わざるを得ない局面もあったという。少なくとも開戦時点においては、一兵の単位で見た戦闘能力は西郷軍の方が高かったといえる。

実際に開戦当初は西郷軍有利で展開した。二月には政府軍の拠点のひとつである熊本まで攻め上って包囲した。鎮台が置かれていた熊本城は炎上し、城下町まで焼き尽くしたが、政府軍は籠城して西郷軍に立ち向かった。結局、天下の名城とうたわれた熊本城の守りは堅く、西郷軍は熊本城を落とすことができなかった。三月一日には熊本の郊外の田原坂《たばるざか》で西郷軍と政府軍が激突し、その戦闘は一カ月も続いたが、物量に勝る政府軍にはかなわず、ついに西郷軍は敗走を余儀なくされる。その後は各地の戦いで次第に西郷軍は追い詰められ、最後は九月二十四日に鹿児島の城山で西郷が自刃《じじん》し、維新以後の最大の反乱は幕を閉じたのである。

西南戦争における西郷軍の戦力は三万人、戦死者は六千八百人であったのに対し政府軍の戦力は七万人、戦死者は六千四百人であった。勝ったとはいえ政府軍の損害が大きかったことがわかる。それでもこの戦いを通じて、農民などから徴兵した兵力であっても旧士族主体の兵力に引けを取らないことが明らかになったことは、日本の戦争の歴史において大きなターニングポイントとなったことは間違いない。

闘う西郷を描いた錦絵（「熊本県田原坂撃戦之図」〈部分〉／国立国会図書館蔵）

というのも、明治維新における新政府軍と旧幕府軍の戦いにおいては、兵力の主体はあくまでどちらも武士であった。その意味では、武士が兵力の主体というのは源平の戦い以来、日本の戦争の基本的なあり方であり、明治維新における戦いはあくまでその延長線上にあったと言える。西南戦争はこれまでの日本の戦争のあり方を変えた初めての戦いであり、武士による最後の戦いとなった。そうした意味において、西南戦争は明治維新の終結をも意味していたのである。

第四章　対外戦争の窓にもなった「福岡」

神功皇后の三韓征伐と朝鮮半島への軍事介入

三韓征伐とは、神功皇后《じんぐう》が朝鮮半島の新羅《しらぎ》に遠征してこれを降伏させた後、百済《くだら》と高句麗《こうくり》もあわせて従属させ、これら三つの国を服属下に置いたとする戦いのことである。実際には、朝鮮半島における三つの国の勢力争いに、倭国のヤマト政権が軍事介入をしたというのが実情に近いと考えられる。

このころの朝鮮半島の政治状況は、朝鮮半島の北部に高句麗、中西部に百済、東南部に新羅（ただし、新羅の国号が使われるようになったのは五〇三年からであり、当時は「斯盧《しろ》」と称していた）が、それぞれ所在していたと推測されている。各勢力はたがいにしのぎを削《けず》っていた。

このうち倭国とのかかわりが最も深いのが百済であり、その証拠となるのが奈良県の石上《いそのかみ》神宮に伝来する七支刀《しちしとう》と呼ばれる鉄剣である。この剣には銘文が刻まれており、それによると三七二年に百済の王が倭の王に贈ったものとされる。『日本書紀』には、神功皇后五二年に百済の使者がやってきて、七支刀と七子鏡《ななつごのかがみ》、および様々な宝物を神功皇后に奉《たてまつ》ったとする記述がある。『日本書紀』の年代を信じるなら、七支刀がもたらされたのは三韓征伐の約五十年後であり、このころには百済と倭国の間には同盟関係が結ばれていたことを示《し》唆《さ》している。

一方、倭国は新羅（斯盧）とは緊張関係が続いていたと考えられる。『日本書紀』によると神功皇后四六年に、神功皇后は新羅に軍隊を派遣し、百済軍と合流して新羅軍を破ったという記述がある。また神功皇后六二年にも葛城襲津彦《かつらぎのそつひこ》を派遣して新羅を討たせたとある。

加羅が保有する鉄を求め、倭国は朝鮮半島に軍事介入した側面もある

高句麗については、『日本書紀』では三韓征伐の際に高句麗も屈服させたとの記述があるものの、『古事記』には高句麗のことは触れられていない。かたや、高句麗側では有名な広《こう》開土《かいど》王碑《おうのひ》の碑文の中に倭国とのかかわりが記述されている。それによると、四世紀末に倭が朝鮮半島に進出して百済や新羅を臣従させたので、高句麗がこれと激しく戦い、撃退したという内容が記されている。広開土王が即位したのが三九一年であるため、時期的には百済から七支刀が贈られた時期より二十年ほど後となる。『日本書紀』の年代と対応させ

るなら、神功皇后の次の応神《おうじん》天皇の時代に相当する。

このように倭国が執拗《しつよう》に朝鮮半島に介入をおこなった動機として大きいのは、朝鮮半島南部の伽耶《かや》（加羅《から》）と呼ばれる地域の利権であったと考えられる。この地域はもともと弁韓と呼ばれていたところであり、多くの小勢力が分立する状態が長く続いていたと考えられている。『日本書紀』ではこの地域を「任那《みまな》」と呼び、「任那日本府」と呼ばれる倭国の出先機関が所在したとされているが、その当否については今なお議論がある。

考古学的に推測される状況によれば、伽耶は倭国にとって主要な鉄の入手先であり、一定数の倭国出身者が居住していた可能性が高い。この時期の倭国では鉄の精錬をおこなう技術を持っていなかったため、伽耶の利権は倭国にとって生命線であったと言える。

伽耶地域に隣接するのは百済と新羅である。倭国は百済と同盟することで、新羅の伽耶地域への進出を阻《はば》み、時に新羅を直接攻撃して牽制《けんせい》することにより、伽耶地域における権益を守ろうとしたと考えられる。最終的には五一二年には百済から伽耶地域（任那）の割譲要請を倭国は承認し、この地域は百済の支配下に入ることとなった。しかし、それ以降も親百済・反新羅の外交方針は、長きにわたって受け継がれ、六六三年の白村江《はくそんこう》の戦いによって百済が滅亡にいたるまで続くこととなったのである。

白村江の敗北で水城、大野城、基肄城を築城

六六三年の白村江の戦いでの敗北によって、倭国はまさに国家存亡の危機に立たされた。唐《とう》・新羅の連合軍が、海を渡って日本列島に侵攻してくる可能性が現実のものとなったからである。

そもそも白村江の戦いの発端は、六六〇年に唐・新羅の連合軍が百済を滅ぼし、その遺民が倭国に救援を求めたことによる。百済の滅亡は倭国にとっても大きな衝撃であった。というのも、百済は長年にわたる朝鮮半島の友好国・同盟国であり、対する新羅は倭国にとっても仇敵《きゅうてき》と言ってよい存在であった。

倭国を治めていた天智《てんじ》天皇は、六六一年に海人族《かいじんぞく》の安曇《あずみ》氏の出身である阿曇比羅夫《あずみのひらふ》を指揮官とする救援軍を派遣した。倭国軍は百済遺民の軍と合流して新羅を攻撃し、六六三年には一時的に旧百済の領域から新羅軍を放逐《ほうちく》することに成功する。

対する唐・新羅の連合軍は、陸と海の両面から倭国・百済遺民連合軍に攻勢をかけた。そして旧百済の白江（錦江《きんこう》）河口で両軍の水軍が激突し、激しい海上戦となった。その結果、倭国・百済遺民連合軍は大敗し、指揮官の阿曇比羅夫は戦死、倭国軍は百済遺民を連

れて朝鮮半島から撤退を余儀なくされた。

この白村江の戦いに並行して、唐は朝鮮半島のもうひとつの国である高句麗を攻め、六六八年にこれを滅亡にいたらしめている。その結果、東アジアにおいて唐に敵対する国は倭国だけとなった。

唐・新羅の連合軍による来るべき侵攻に備え、天智天皇は辺境防備の部隊である防人《さきもり》を対馬《つしま》・壱岐《いき》・筑紫《ちくし》国に配備した。さらに九州の防衛の拠点である筑紫大宰《つくしのおおみこともち》を守るため、水《みず》城《き》と呼ばれる土塁と、大野城と基肄《きい》城という二つの山城を築いて防備をかためた。筑紫大宰はその後の大宰府につながる機関と考えられるが、この時期にはまだ大宰府のような施設が存在したという証拠は見つかっていない。しかし、水城・大野城・基肄城が大宰府のあった場所を取り囲むように配置されていることから、この時期にすでに何らかの施設が存在した可能性はあるだろう。

このうち水城は、高さ九メートルの土塁を全長約一・二キロメートルにわたって築いたものであり、その前面には幅六十メートル、深さ四メートルの外濠が掘られた。この土塁の構築には版築《はんちく》と呼ばれる、土を突き固めて強化する工法が用いられている。これは古代寺院の基礎や基壇に用いられるのと同じ工法であり、六三九年に初の勅願寺院として建て

『日本書紀』に「（中略）筑紫に大きな堤を築いて水を貯えさせ、これを水城と名づけた」とある。現在の水城跡（太宰府市提供）

られた百済大寺《くだらのおおてら》（吉備池廃寺《きびいけはいじ》）などで採用されているものである。

また土塁の基底部には、盛土の中に多量の植物の枝や葉を混入させる、敷葉工法《しきはこうほう》が用いられていた。これは軟弱な地盤の土地で用いられる工法であり、盛土を滑《すべ》りにくくしたり、土中の水を逃がしたりする効果がある。これも六一六年ごろに築造された狭山池《さやまいけ》や、飛鳥《あすか》の古道である阿部山田道《あべやまだのみち》で採用されている工法である。

版築も敷葉工法も、もともとは中国大陸から朝鮮半島を経由して伝わった技術であることから、水城の土木工事には百済出身の技術者たちもかかわったのではないかと考えられている。

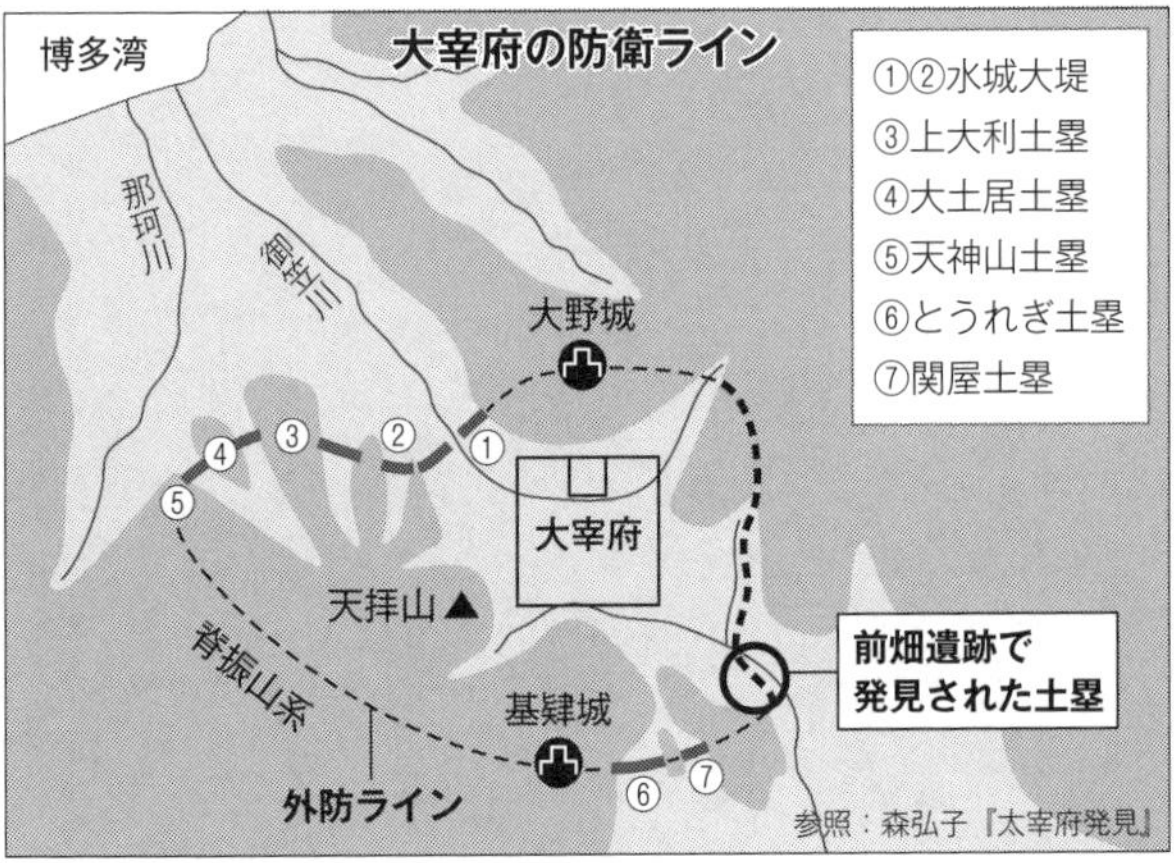

水城は土塁と水堀によって丘陵間を結び、政庁の盾となるように築造された。出入り口は東西2カ所のみと堅固な「城壁」だった

大野城と基肄城は、いずれも山上に築かれた山城である。山の尾根伝いに長い土塁と石塁が続き、城門は石で固められていた。こうした築城技術は朝鮮半島のものに由来すると考えられることから、朝鮮式山城《ちょうせんしきさんじょう》と呼ばれている。これも百済出身の技術者が築造に関与したものと考えられている。さらに山城のふもとには小水城《しょうみずき》と呼ばれる、水城と同様の構造の土塁が配置されていた。

こうした朝鮮式山城は、大野城と基肄城のほかにも、金田城（対馬市）、鞠智《きくち》城（熊本県山鹿市・菊池市）、屋嶋城（香川県高松市）、高安城（奈良県生駒《いこま》郡平群町《へぐりちょう》）など対馬から九州、瀬戸内海を経て畿内にいたる各地に築かれた。また文献には記載されていないものの、岡山県の鬼ノ城《きのじょう》（総社市《そうじゃ》）も、朝鮮式山城の特徴を持っていることから同じ時期に築かれたものと考えられている。

さらに、高良山《こうらさん》（福岡県久留米市《くるめ》）などで見つかっている列石や石塁の遺構も、かつては「神籠石《こうごいし》」、すなわち霊域を示すものと考えられたこともあったが、現在では朝鮮式山城の一種であると考えられている。こうした遺構を含めると、これまで全国で二十カ所以上の山城跡が見つかっており、国をあげて防衛線が築かれたことがわかる。

こうして唐・新羅の侵攻に備えるとともに、一方で倭国は唐との外交関係の修復にも努めた。六六五年には唐の劉徳高《りゅうとくこう》が戦後処理の使節として来日したが、この使節を送るため、倭国側は守大石《もりのおおいし》らの送唐客使を唐に派遣した。その後、六六九年に河内鯨《かわちのくじら》らが正式な遣唐使として派遣され、関係の正常化をはかった。

この白村江の戦いの敗戦は、逆に倭国にとっては中央集権体制への移行をうながし、律《りつ》令《りょう》国家の成立につながったという側面もある。

壬申《じんしん》の乱を経て即位した天武《てんむ》天皇は、天皇中心の国家体制を確立するため、六八一年に律令制定を命ずる詔《みことのり》を発した。この飛鳥《あすか》浄御原令《きよみがはられい》と呼ばれる令は、天武天皇が生きている間には完成されず、その後を継いだ持統《じとう》天皇の時代、六八九年に制定された。飛鳥浄御原令をさらに完成させ、律令として整備されたのが、大宝《たいほう》元年（七〇一）に制定された大宝律令である。大宝律令の制定にともなって、倭国は国号を正式に日本と定めたとされる。その意味で、日本という国家は、海外の脅威にさらされたことがきっかけとなり、国としてひとつにまとまる必要性を痛感して成立したと言えるかもしれない。

平安を謳歌した朝廷を驚愕させた刀伊の入寇

平安時代は日本の歴史の中でもめずらしく平和が長く続いた時代であったが、そうした中で突如としてふりかかったのが、寛仁《かんにん》三年（一〇一九）に起こった刀伊《とい》の入寇《にゅうこう》と呼ばれる事件である。

三月二十七日、五十隻の船団に乗った三千人の刀伊と呼ばれる海賊集団が、突如として対馬を襲い、島の各地で殺人や略奪をおこなった。刀伊はさらに壱岐で同様の殺人や略奪をおこなった後、九州に上陸して博多を襲った。

これに対して、当時、大宰府で大宰権帥《だざいのごんのそつ》の任についていた藤原隆家《ふじわらのたかいえ》は、大宰府の軍勢をひきいてこれに応戦し、刀伊を撃退することに成功した。藤原隆家はもともと藤原北家《ほっけ》出身のエリート貴族であったが、朝廷で藤原道長《みちなが》の勢力が繁栄をきわめる中で、その政治的立場は不遇なものであった。長和《ちょうわ》三年（一〇一四）に大宰権帥に任ぜられるが、これは必ずしも左遷ではなく、眼病の治療のためと称して自ら願い出たものであった。その当時、大宰府に眼病の治療をおこなう唐人の名医がいたためというのが理由であったが、実際には九州の在地勢力と結びつき、大宰府を通じた海外貿易で利権を得ようとする動機があったのかもしれない。いずれにせよ、大宰府に赴任した隆家は在地勢力から絶大な支持を受けることに成功し、そのおかげで軍をまとめて刀伊を撃退することができたのである。

海賊「刀伊」の正体に言及した藤原実資（『前賢故実』国立国会図書館蔵）

ところで、この刀伊と呼ばれる海賊集団の正体であるが、当時もよくわかっていなかったようである。藤原実資《さねすけ》の日記である『小右《しょうゆう》記《き》』によると、刀伊というのは朝鮮半島の国家であった高麗《こうらい》とは別の民族であるとされているが、高麗人が嘘《うそ》をついて刀伊人のせいにしているだけであって、海賊の正体は高麗人だったのではないかという見解も示されている。これは高麗が新羅の後継国家であり、また日本にとって新羅は旧敵国であったため、高麗に対してよい感情を持っていない日本人が多かったことを示していると考えられる。

現在では、刀伊と呼ばれる人々は女真族《じょしんぞく》であったとされている。女真族は、満州およびロシア沿海州のアムール川流域を中心に生活していたツングース系の民族のひとつで、その生業は農業や牧畜に加えて狩猟も大きな比重を占めており、毛皮交易を目的としてオホーツク海沿岸にも進出していた。後に中国大陸で征服王朝として金《きん》や清《しん》を建国するのも、この女真族である。

本来は北方世界を生活圏としていた女真族が九州まで南下してきたのは、当時の東アジアにおける諸民族の地政学的な変化が背景にある。

奈良時代から平安時代の前半にかけて、満州からロシア沿海州に存在した国家は渤海《ぼっかい》であった。渤海はもともと高句麗の遺民が、ツングース系の民族である靺鞨族《まっかつぞく》や女真族と合流して建国した国家であり、渤海使・遣渤海使の交流によって日本とも友好関係を築いていた。渤海の時代、女真族は中国大陸の王朝である宋《そう》に毛皮を輸出することで利益を得ていた。しかし、九二六年にモンゴル系の半農半牧の民族が建てた国家である契丹《きったん》が渤海を滅ぼしたため、宋に直接、毛皮を輸出する交易ルートが閉ざされてしまうこととなった。そのため、女真族の一部は、朝鮮半島周辺で海賊行為をおこなうようになり、その一派が刀伊と呼ばれる集団となって、九州にまで手を伸ばしてきたのである。

一方で、当時の日本は寛平《かんぴょう》六年（八九四）に遣唐使を廃止し、それ以降は東アジアの国々とはほとんど外交関係を持たずに過ごしてきた。いろいろな民族が勃興し、大きく揺れ動いていた東アジアの情勢に比べると、まさに「平和ボケ」の状況にあったと言っても過言ではないだろう。

それでも九世紀から十一世紀にかけての九州は、たびたび新羅や高麗などの外国人による海賊の被害を受けてきたことが記録に残っている。そうした中で九州の在地勢力は、海外から襲来するこうした武装集団との小競《こぜ》り合いの状況に慣れていたことが、後に起こる蒙古《もうこ》襲来を撃退する原動力となったとも考えられる。

二度の蒙古襲来に九州の武士たちが奮闘

モンゴル帝国（元《げん》）が二度にわたって日本に襲来した、文永《ぶんえい》十一年（一二七四）の文永の役《えき》と弘安《こうあん》四年（一二八一）の弘安の役をあわせて蒙古襲来、もしくは元寇《げんこう》と呼んでいる。外国から直接の侵攻を受けたのは、この時が日本の歴史始まって以来の出来事であり、国家の未曽有《みぞう》の危機であった。これを撃退するのに大きな役割を果たしたのが九州の武士たちであった。

蒙古襲来の様子を生々しく描いているのが『蒙古襲来絵詞《えことば》』と呼ばれる絵巻物であり、これは肥後国の御家人竹崎季長《たけざきすえなが》が、自分の戦いの様子を描かせたものとされている。ここでは元軍が「てつはう」と呼ばれる爆弾を使用する様子などが描かれており、そうした新兵器に対して苦戦する日本の武士の姿も描かれている。

この絵巻物の主人公である竹崎季長は、文永の役の時に日本軍の総大将である少弐景資《しょうにかげすけ》の指揮下で従軍し、「てつはう」で応戦してくる元軍に苦戦しながらも、多くの戦功をあげた。こうした武士たちの活躍もあり、元軍はいったん日本より撤退する。

戦いが終わった後、季長は、自分の戦功はなぜか認められず、恩賞も与えられなかった。これに納得できなかった季長は、自分の馬を売却して旅費を調達し、自ら鎌倉におもむいて幕府に直訴《じきそ》し、何とか恩賞として肥後国海東郷《かいとうごう》の地頭に任ぜられた。

二度目の蒙古襲来である弘安の役では、肥後国守護代の安達盛宗《あだちもりむね》の指揮下において季長はふたたび活躍し、元軍の軍船に斬り込んで多くの元兵の首を取るなどの戦功をあげ、今

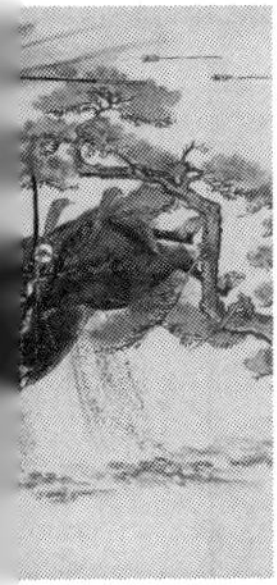

度は多大な恩賞を与えられた。戦いが終わり、季長は戦いでの活躍の様子や、鎌倉での直訴の顛末《てんまつ》などを絵巻物に描

蒙古軍と激闘する竹崎季長を描いた『蒙古襲来絵詞』の写し『蒙古襲来合戦絵巻』(国立国会図書館蔵)

元寇防塁跡(生の松原)

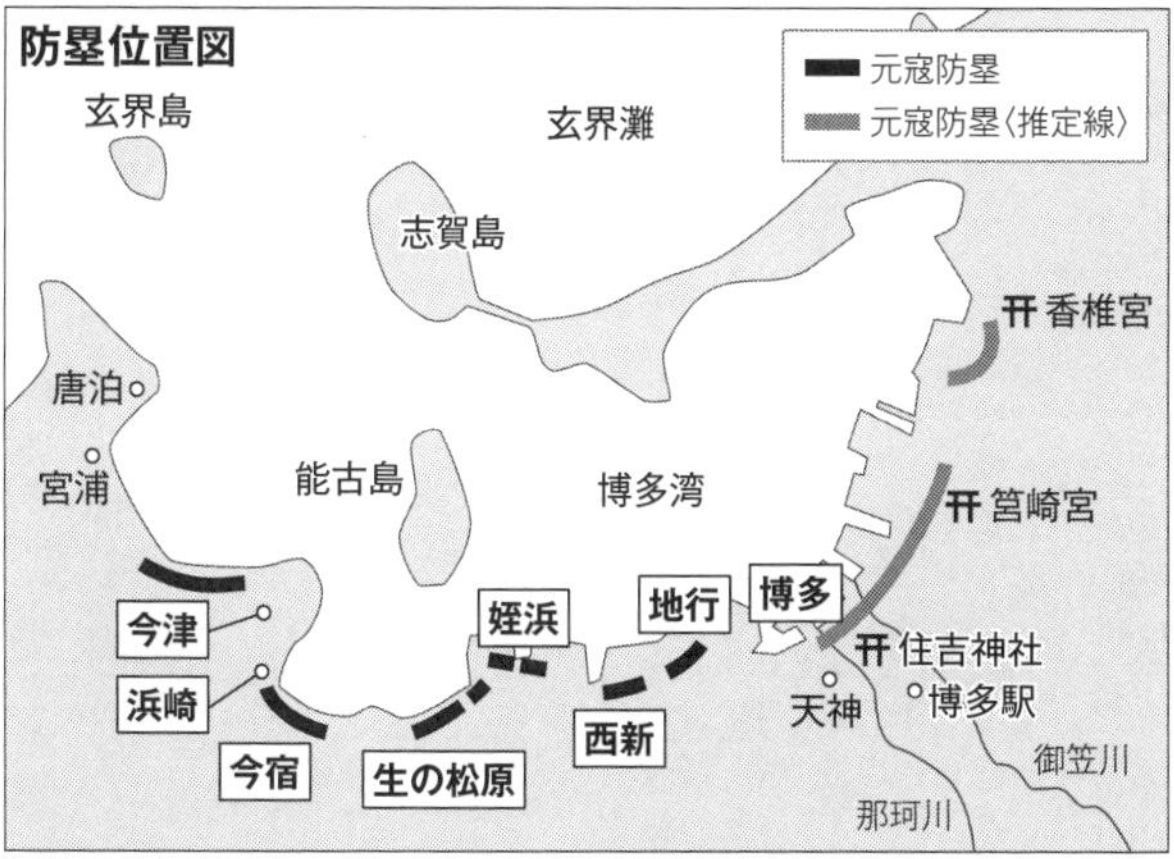

前後石積みの堅固な仕様、前面のみ、内部は粘土で石材を節約した塁など、半年の短い着工期間のせいか、築造方法が各所で異なっていた

かせ、それを甲佐大明神《こうさだいみようじん》に奉納した。これが今日に残る『蒙古襲来絵詞』である。

幸運なことに季長はこうして恩賞を得ることができたが、十分な恩賞を受け取ることができなかった武士も多かったことは事実である。というのも、国内の戦争の場合、勝った側は負けた側の領地を取り上げて、それを恩賞として分配することは可能である。しかし、蒙古襲来の場合、撃退はしたものの新しい領地を得たわけではないので、恩賞として配るものがそもそも用意できなかったという事情がある。

さらに幕府は、来るべき元軍の侵攻に備えるため、異国警固番役という制度をつくった。これは博多湾を警備する軍役で、その役目は九州の御家人に課せられた。

歴史の結末を知っている私たちにしてみれば、元は二度にわたる遠征の失敗の結果、日本侵略をあきらめたことは自明である。しかし、当時の人々にとっては、元が遠征の野望をあきらめたのか、それともみたび攻めてくるのか、知るよしもなかった。そのため、元に対する警戒をゆるめるわけにはいかなかったのである。結果的に、異国警固番役の制度は鎌倉幕府の末期まで継続され、軍役を課せられた九州の武士たちにとっては大きな負担となった。

こうした武士たちの不満を和《やわ》らげるべく、幕府は借金を帳消しにする徳政令を発布することをおこなったりした。しかし、これは一時しのぎにすぎず、むしろ商人たちは徳政令を警戒して、武士に金を貸すことを渋るようになり、かえって武士たちを経済的に困窮《こんきゅう》させることとなった。

九州の武士たちの幕府に対する不満の蓄積が、ひいては鎌倉時代末期の菊池武時《きくちたけとき》の挙兵や、少弐貞経《しょうにさだつね》・大友貞宗《おおともさだむね》の攻撃による鎮西探題の滅亡へとつながっていったと推測されるのである。

明を滅亡へ追いやる倭寇の活動

モンゴル帝国（元）を倒した朱元璋《しゅげんしょう》によって一三六八年に建国された明《みん》は、鄭和《ていわ》の遠征軍を中近東からアフリカ東海岸まで派遣し、多くの国々を朝貢させ冊封《さくほう》体制下に組み込むなど、世界の超大国の地位を築いて繁栄した。しかし、その王朝の末期には、いわゆる「北《ほく》虜南倭《りょなんわ》」と呼ばれる状況に苦しめられ、結果的に滅亡へと追いやられた。この「北虜南倭」のうち「北虜」とは、北のモンゴルの脅威のことである。モンゴルではクビライ・ハーンの子孫とされるダヤン・ハーンが一四七九年にモンゴル帝国を再興し、その孫のアルタン・ハーンは一五五〇年に北京まで侵攻してくるようになるほど勢力を盛り返していた。一方で「南倭」とは、十六世紀に活発化した後期倭寇のことである。

倭寇とは、朝鮮半島や中国大陸の沿岸部、さらには東南アジアにおよぶ広い海域で海賊行為や私貿易・密貿易をおこなった集団のことであり、その活躍した時期により「前期倭寇」と「後期倭寇」に分けられる。このうち「前期倭寇」は十四世紀を中心に活動し、おもに瀬戸内海および九州を本拠地とした日本人によって構成された集団であった。かたや、「後期倭寇」は十六世紀を中心に活動し、その構成員の多くは私貿易をおこなう中国大陸沿岸部の出身者であったと考えられている。彼らは日本人の格好をまねていたが、実際には浙江省《せっこうしょう》や福建省《ふっけんしょう》の沿岸部を拠点としていた。

後期倭寇が台頭する背景には、明がとった海禁政策があると考えられる。明は鄭和の遠征に代表されるように積極的に海外進出を進めたが、同時に海賊行為や密貿易を厳しく取り締まった。これは海外貿易を国家によって一元的に管理しようとする目的があったが、かえって民間の貿易商人たちの反発を招き、彼らが後期倭寇になることをうながした側面もある。

後期倭寇となった貿易商人たちは、博多の商人と貿易をおこなったり、おりしも大航海時代が到来して東アジアにも進出するようになってきたポルトガルやスペインの商人たち

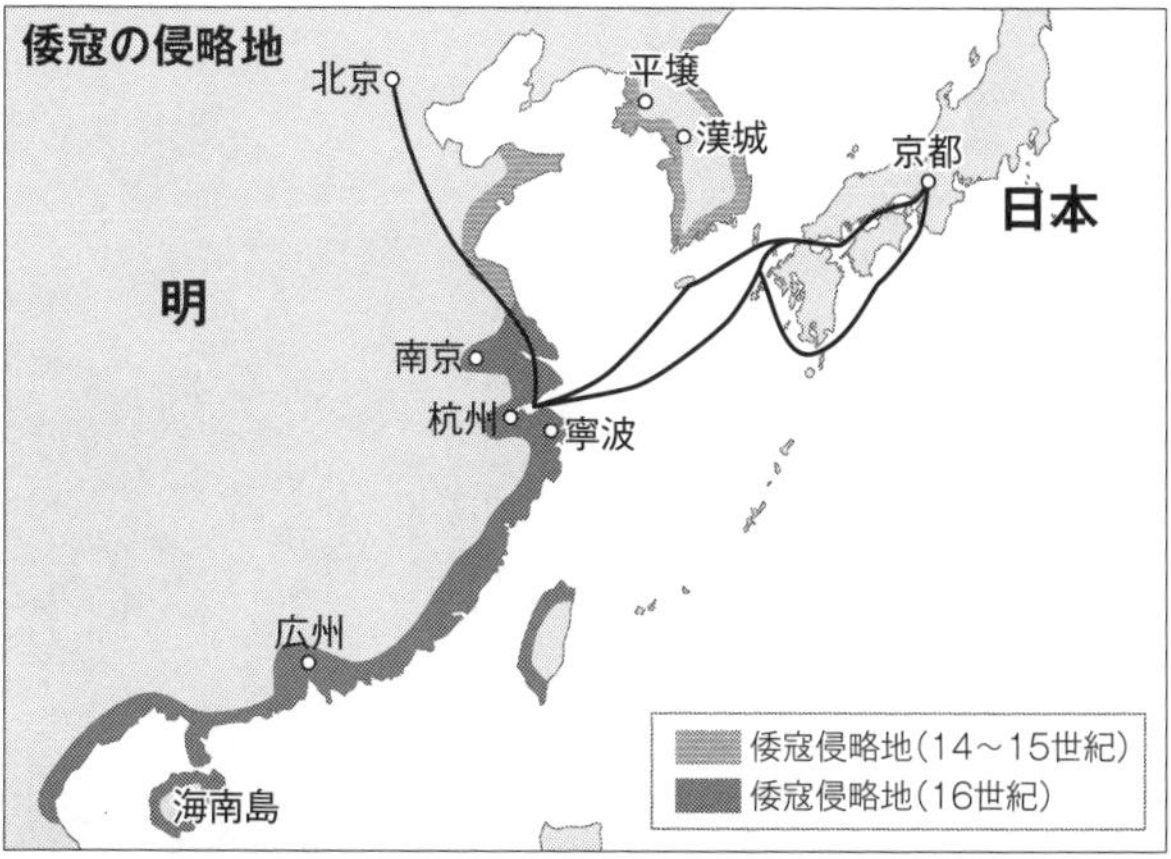

日明勘合貿易の発展が前期倭寇の活動中止につながり、勘合貿易の廃止が後期倭寇の活動する契機になるという一面もあった

とも貿易をおこなうようになったりした。そして、ヨーロッパ人から入手した鉄砲で武装するようにもなった。ちなみに日本への鉄砲の伝来の背景には、こうした後期倭寇による活動があったと考えられている。

明は日本に対しても後期倭寇の取り締まりを求め、それに応じて天正十六年（一五八八）に豊臣秀吉は倭寇取締令を発令した。しかし、その直後の天正二十年より秀吉による朝鮮出兵がおこなわれ、日本との外交関係が断絶するにとどまらず、明は李氏朝鮮の救援のために援軍を送らざるを得ない状況となった。この派兵による国力の疲弊もまた、明の滅亡の遠因となった。

一六一六年には女真族出身のヌルハチが後《こう》

徳川三代将軍家光に二度援軍を要請していた鄭成功。台湾市にある騎馬像

金《きん》を建国し、さらにヌルハチの息子のホンタイジが一六三六年に後金を清に改めるころになると、明の衰退は末期的となっていた。結果的に明は一六四四年に農民反乱の指導者であった李自成《りじせい》によって滅ぼされるが、李自成も間もなく清に滅ぼされ、こうして中国大陸は清の支配に置かれるようになった。

明の軍人であった鄭成功《ていせいこう》は亡命政府を樹立し、清の支配に抵抗した。この鄭成功という人物は、明の貿易商の鄭芝龍《ていしりゅう》を父に持ち、日本人を母に持つ人物であり、幼いころは福松という名前で日本の平戸《ひらど》で育ったが、その後、福建《ふっけん》に移って明の軍人となった。この鄭成功の父である鄭芝龍という人物は、商人でありながら海賊行為もおこない、明の軍隊やライバルの貿易商人との抗争のために私兵を雇《やと》って相当な軍事力を擁していたといわれている。いわば後期倭寇の典型的かつ最後の姿を体現するような人物であったわけである。

明を滅亡へ追いやった倭寇の末裔《まつえい》である鄭成功が、明の復興をかけて立ち上がったのは歴史の皮肉ともいうべきことだろう。鄭成功による軍勢は、一時は南京《なんきん》に迫るほどの勢いを見せたが、結局、台湾まで押し戻され、鄭成功自身は明の復興を見ることなく一六六二年に死去した。鄭成功が打ち立てた亡命政府はその後も台湾を拠点に抵抗を続け、日本にも支援を求め続けたが、ついには一六八三年に清への降伏を余儀なくされた。

この時、日本はすでに清と外交関係を樹立していたため、表立って鄭氏の政権を支援することはできなかった。しかし、鄭成功は日本の庶民の間では好意的に受け止められたようで、正徳《しょうとく》五年（一七一五）に近松門左衛門《ちかまつもんざえもん》の人形浄瑠璃《にんぎょうじょうるり》『国姓爺合戦《こくせんやがっせん》』として脚色されて演じられ、大人気を博した。この演目は現在でも文楽《ぶんらく》・歌舞伎《かぶき》の人気演目として演じ続けられ、親しまれている。

秀吉の朝鮮出兵の前線基地となった博多と名護屋

天正十八年（一五九〇）に天下統一を成し遂げた豊臣秀吉は、翌年には中国大陸の大帝国である明を平定しようという野心を抱き、遠征軍の準備を開始した。十月には前線基地として肥前名護屋《ひぜんなごや》城（佐賀県唐津《からつ》市）の築城が開始され、秀吉の軍師であり築城の名手としても名高い黒田如水が設計を担当し、わずか五カ月ほどで完成させたといわれている。

築城の地として選ばれた名護屋は、玄界灘《げんかいなだ》に突き出た東松浦《ひがしまつうら》半島の北端に位置し、もともと松浦党の一族である名護屋氏の拠点があった場所であったが、イエズス会の宣教師ルイス・フロイスによると、もともと「あらゆる人手を欠いた荒れ地」であったという。ここに五層の天守を中心とした大規模な城郭が築かれ、その規模は大坂城に匹敵し、京都の聚楽第《じゅらくてい》よりも立派であったといわれている。

秀吉はここに三十万七千人の遠征軍を集め、このうち二十万五千人を朝鮮に渡らせ、十万二千人を名護屋城に在陣させた。また秀吉本人も名護屋城に入り、ここから指揮をとったのである。

名護屋城には本丸・二の丸・三の丸に加えて山里丸と呼ばれる曲輪《くるわ》が配置されたが、ここには庭園のほか、能舞台や茶室までもが設けられたといわれている。秀吉は側室の淀殿《よどどの》を名護屋城に呼び寄せ、この山里丸で遊んだ。秀吉は名護屋に在陣する大名に対しても、妻子を呼び寄せることを許可している。このように秀吉は長期戦を見すえて名護屋城に滞在するつもりでいたようであり、いわば名護屋城は単なる前線基地にとどまらず、臨時の首都のような役割をも果たしていたのだろう。

ただし実際には、名護屋城は辺鄙《へんぴ》な場所にあったため、遠征軍の補給基地としての役割は博多が担っていた。秀吉は博多の大商人である島井《しまい》宗室《そうしつ》と神屋《かみや》宗湛《そうたん》に、遠征軍への補給に協力するよう命じた。遠征軍で補給などの兵站《へいたん》にあたっていたのは石田《いしだ》三成《みつなり》であったが、石田三成は九州平定後に荒廃した博多の街の復興にたずさわった責任者のひとりであり、その際に島井宗室や神屋宗湛からの協力を得たことから、その時以来のつながりによって彼らはたがいに協力して任務にあたった。

朝鮮出兵の歴史的な評価については、一般的には天下統一に慢心した秀吉が、なかば誇大妄想に取りつかれて始めた無謀な戦争であったと理解されることが多い。実際に明を平定できる可能性はほとんどなかっただろう。

一方で戦略的な観点からすると、軍事的な前線基地である名護屋城と、兵站の拠点である博多の両方を短期間のうちに整備し、二十万あまりの軍勢を海外に送り出したという事実は、秀吉の戦略家としての非凡な才能を示しているといえよう。

朝鮮出兵は、慶長《けいちょう》三年（一五九八）八月に秀吉が死去したことを受けて遠征の中止が決められ、十月より日本軍の撤退が始められた。明・朝鮮の水軍は海上封鎖《ふうさ》をおこなってこれを阻《はば》んだが、日本軍の主力部隊はからくもこれを逃れ、十一月中旬には釜山《ぷさん》に集結し、下旬まではすべての部隊の撤退を完了させた。しばしば戦術においては、撤退戦ほど難し

石垣の崩れた様子がよくわかる唐津市に残る名護屋城跡馬場（佐賀県観光連盟提供）

い戦いはないといわれることもあるが、これを短期間でほとんど無事に成し遂げたことは、日本軍の兵站が優秀であり、最後まで海上補給路が維持されていたことのおかげであったと評価することができる。

その意味で、前線基地である名護屋城と博多が果たした役割は大きかった。朝鮮出兵が中止されたことを受けて、名護屋城はその役割を終えることとなった。関ヶ原の戦いの後、建物の多くは唐津《からつ》城に移されて廃城となった。さらに寛永《かんえい》十四年（一六三七）の島原の乱では、キリシタンの反乱軍に城跡が利用されることをおそれて、幕府は石垣を壊したといわれている。今日でも、その崩れた石垣の跡を現地で見ることができ、かつての壮大な城の姿をしのぶことができる。

玄界灘で迎え撃った日本海海戦の砲声

「天気晴朗ナレドモ浪《なみ》高シ」で有名な日本海海戦は、日露戦争における日本の勝利を決定づけるものであった。当時、世界最強の艦隊のひとつと評されていたロシアのバルチック艦隊を新興国の日本が全滅させたことは、世界中に驚きをもって受け止められた。また日露戦争の主戦場は満州と遼東《りょうとう》半島であったが、この海戦は対馬沖という、日本の本国の目前でおこなわれたものであったという意味でも特別な戦いであった。

この海戦の勝利によって、連合艦隊をひきいた東郷平八郎《とうごうへいはちろう》は英雄となり、また日露戦争の趨勢《すうせい》を決定づけたように見られることも多いが、よくよく当時の状況を振り返ると、この戦いの意義が強調されすぎると言えなくもない。

というのも、日本海軍の連合艦隊は、すでに明治三十七年（一九〇四）八月十日の黄海《こうかい》海戦でロシア太平洋艦隊の主力である旅順《りょじゅん》艦隊に勝利し、さらに八月十四日の蔚山沖《うるさんおき》海戦でウラジオストク艦隊にも勝利したことで、この地域の制海権を確保していた。バルチック艦隊は、その名が示す通り、もともとはバルト海に駐留していた艦隊であったが、ロシアの極東方面の艦隊がことごとく壊滅したため、はるばる世界を半周して、この海域に派遣されてきたのである。

すでにロシアの拠点の港である旅順は、明治三十七年八月十九日から翌三十八年一月一日までの長きにわたる旅順攻囲戦によって陥落し、日本軍の手中にあった。この旅順攻囲戦は乃木希典《のぎまれすけ》が日本軍の指揮を執り、多大な犠牲をはらいながらも、最終的には二〇三高地の戦いを経て旅順要塞を陥落させた。

そのためバルチック艦隊は、まずはウラジオストクに入港する必要があったため、対馬海峡、津軽《つがる》海峡、宗谷《そうや》海峡のいずれか、すなわち日本の国土の鼻先を通過せざるを得なかった。逆に日本側からしてみれば、地の利のある自国の海域でバルチック艦隊を待ち受けていればよかったのである。もちろん、連合艦隊もバルチック艦隊がいずれの海峡を通過するつもりかの確証はなかった。しかし、艦隊を三カ所に分散するよりも一カ所に集中した方が有利と考え、対馬海峡で待ち受けることとしたのである。

また両軍の士気にも大きな差があったと思われる。連合艦隊は相次いでロシアの艦隊に勝利し、士気は大きく高まっていた。待ち構える立場であったため、補給や訓練も万全であった。一方のバルチック艦隊は、地球半周におよぶ長旅を強《し》いられたのに加え、その途

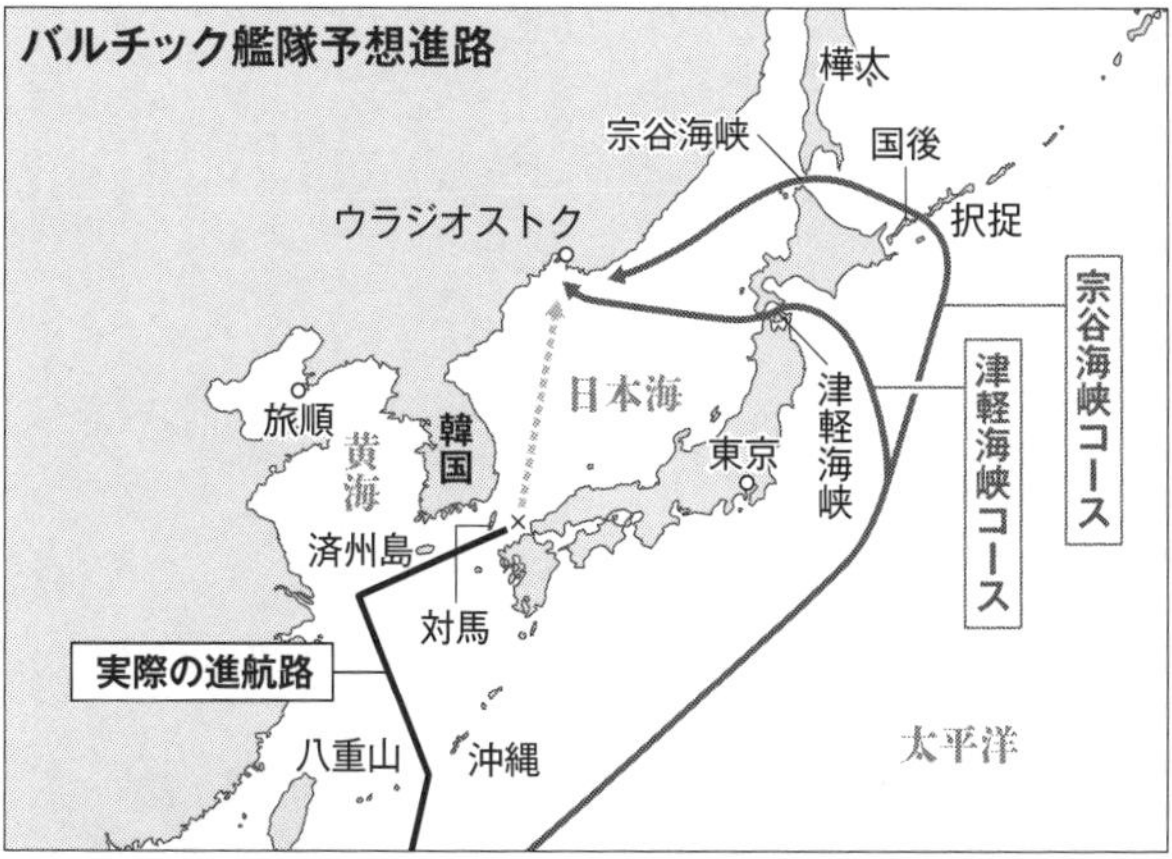

この時期の宗谷海峡は濃霧が多く、津軽海峡は陸地に近いため攻撃を受けやすいなど、結局、最短ルートが最良のルートだったといえる

上にはロシアの艦隊を受け入れてくれる港が少なく、補給にも難儀したといわれている。加えて、日本の同盟国でありロシアを牽制《けんせい》したいイギリスの海軍が各地で妨害活動をおこない、バルチック艦隊の神経を消耗《しょうもう》させた。

こうしたあせりもあったのか、バルチック艦隊はウラジオストクへの最短ルートである対馬海峡通過のルートを選んだのである。

結果的に連合艦隊の予測は的中し、明治三十八年五月二十七日から二十八日にかけて両軍の艦隊は対馬沖で激突し、連合艦隊の大勝利にいたったのである。

この連合艦隊の大勝利は、あるいは予想外の成果であったかもしれない。しかしながら、バルチック艦隊が連合艦隊を撃破してウラジ

記念公園に係留された連合艦隊旗艦
「三笠」(神奈川県横須賀市)

オストクに入港できたとしても、日露戦争全体の戦況を変えることは難しかったのではないかと私は考える。このことは、仮に連合艦隊の予測がはずれて、津軽海峡もしくは宗谷海峡を通過して無傷でウラジオストクに入港できた場合も同様である。

　というのも、日本海はいわば巨大な内海であり、そこにいったん入ってしまった艦隊は、日本海に閉じ込められて身動きが取れなくなってしまう結果に終わったと考えられるからである。

　日露戦争の主戦場は満州と遼東半島であり、そこで決着をつけるためには、もう一度、バルチック艦隊を日本海の外に出してやる必要がある。その時はふたたび対馬海峡・津軽海峡・宗谷海峡のいずれかを通過しなければならない。日本にとってみれば、いったん日本海の中に入ってしまったバルチック艦隊の動きを予測することはそう難しいことではなく、場合によっては機雷で封鎖することもできただろう。つまり、バルチック艦隊を極東に派遣したこと自体が、ロシアの戦略的な行き詰まりを示している。

一方、日本にとって日本海海戦の勝利という成功体験が、かえって、その後の日本の戦略・戦術に大きな影を落とすことになったと私は考える。その悪い影響が顕著に出たのが、太平洋戦争である。太平洋戦争の序盤で日本軍は、航空母艦と航空機を運用することの有効性をいち早く見いだしながらも、大艦巨砲主義にこだわり、大和《やまと》や武蔵《むさし》といった当時の世界最強の軍艦を建造しながらも有効に生かすことができなかったのである。

日本海海戦の勝利は、日露戦争の終結につながり、それにより日本は帝国主義国家の一員としての道を歩み始めることになったことは確かだ。ただし、それが太平洋戦争での敗戦の原因につながっていたとしたら、皮肉なことであるといえよう。

第五章　多様な政治力を醸成する「福岡」

幕末の志士を輩出する地

幕末には数多くの志士が登場して活躍したが、その中でも真木和泉《まきいずみ》と平野国臣《ひらのくにおみ》のことはあまり知る人は多くないかもしれない。二人とも福岡が生んだ志士であり、残念なことに二人とも幕末の混迷の最中に非業《ひごう》の死をとげたため、十分な活躍の場を与えられなかった悲劇の志士である。

真木和泉（一八一三〜一八六四）は筑後久留米《ちくごくるめ》藩の出身の人物で、もともと神職の家に生まれた。国学や和歌を学ぶうちに水戸学に傾倒し、尊王攘夷《そんのうじょうい》思想を抱くようになった。

嘉永《かえい》五年（一八五二）には藩政改革の建白書を久留米藩の藩主に奏上するが、かえって藩主の怒りを買い、下妻郡水田《みずた》村（筑後市）で蟄居《ちっきょ》を命ぜられた。この幽閉生活は十年にもおよんだが、その間に平野国臣と面会し、親しくなった。さらに「維新の火付け役」とも「策士」とも評される清河八郎《きよかわはちろう》も面会に訪れたといわれている。

文久《ぶんきゅう》二年（一八六二）には京都に上り、薩摩《さつま》藩の尊王派と行動をともにした。しかし、寺田屋事件が起こって薩摩藩の尊王派が粛清《しゅくせい》されると、そこに同席した真木も捕らえられ、一時は処刑される寸前であったが、からくも解放された。その後は長州藩の尊王攘夷派と接触し、いわゆる「大和《やまと》行幸」計画を画策した。

「大和行幸」は一種のクーデターであり、真木と急進派の公家であった三条実美《さんじょうさねとみ》、長州藩の久坂玄瑞《くさかげんずい》らが計画したとされる。その内容は、孝明《こうめい》天皇を奈良橿原《かしはら》の神武《じんむ》天皇陵への行幸に連れ出し、そのまま天皇が攘夷の号令をかけ、天皇自らが軍をひきいる「親征」をおこなうことで外国勢力に攻撃を仕掛けるというものであった。

公武合体派の薩摩藩と会津《あいづ》藩は手を打ち、逆に御所を封鎖《ふうさ》して、三条実美ら急進派の公家を朝廷から追い出すことに成功した。これがいわゆる文久三年の「八月十八日の政変」である。

真木和泉の肖像画（権藤震二著『真木和泉』／国立国会図書館蔵）

真木は三条や久坂らと長州に落ち延び、再起をはかる。そして、久坂とともに京都に戻って再び起こしたクーデターが元治《げんじ》元年（一八六四）の「禁門《きんもん》の変（蛤《はまぐり》御門《ごもん》の変）」であるが、この時も薩摩藩と会津藩の合同軍に敗れ、久坂は戦死。真木も天王山《てんのうざん》に落ち延びるが、会津藩と新選組《しんせんぐみ》の追撃を受け自害して果てた。

もうひとりの志士、平野国臣（一八二八～一八六四）は福岡藩の出身で、西郷隆盛や真木和泉、清河八郎らと親交を持ち、倒幕の志士としての道を歩むようになる。

安政《あんせい》五年（一八五八）に安政の大獄《たいごく》が起こった時、平野は勤皇派の僧、月照《げっしょう》を薩摩に逃《の》がすべく尽力する。薩摩では旧知の西郷隆盛と合流するが、薩摩藩は月照をやっかいものあつかいし、西郷に月照を日向《ひゅうが》に追放するよう命じ、その途中でひそかに斬るようにも命じた。西郷は月照と平野を乗せて船を錦江湾《きんこうわん》に出したが、思い悩んで月照とともに入水《じゅすい》自殺をはかる。驚いた平野は、西郷を救出することはできたが、月照はそのまま水死してしまった。その結果、西郷は奄美大島《あまみおおしま》に流罪《るざい》となり、平野も追放されて福岡に戻った。

文久二年に平野は京都に上り、真木らと行動をともにしていたが、寺田屋事件によって捕まり、桝木屋《ますごや》獄（福岡市）に投獄される。やがて、釈放された平野は、ふたたび京都に

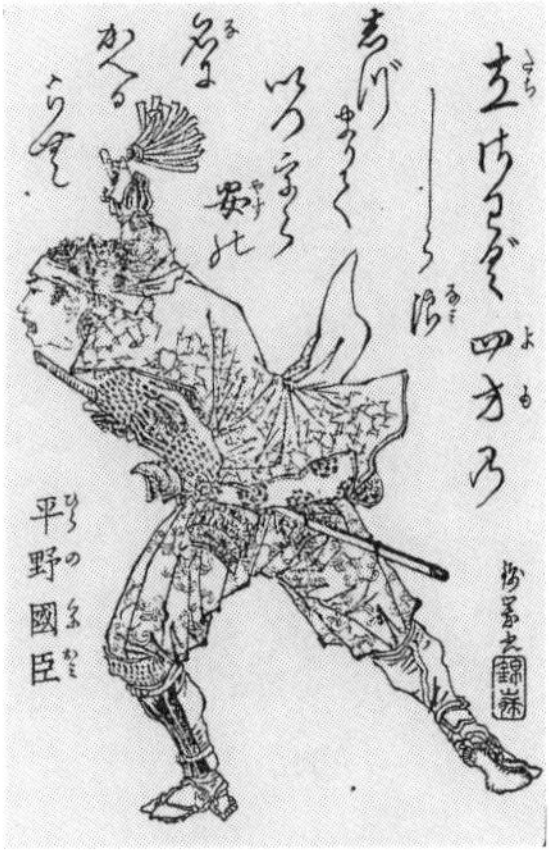

采配をふるう平野国臣（『近世文武英雄伝』／国立国会図書館蔵）

上り、真木らの「大和行幸」の計画に加担することとなる。

しかし、「大和行幸」は「八月十八日の政変」によって封じ込められてしまい、京都の尊王攘夷派は壊滅状態となった。平野は、「八月十八日の政変」の前日に大和国五條で蜂起《ほうき》して代官所を襲撃した天誅組《てんちゅうぐみ》の動きと呼応すべく、但馬《たじま》国の生野《いくの》で蜂起を計画する。天誅組はまもなく鎮圧されたが、平野はそれにもかかわらず蜂起を決行して生野の代官所を襲撃した。ほどなく鎮圧されると、平野は京都の六角獄舎につながれた。

元治元年の「禁門の変」では、京都市中が火災に見舞われ、六角獄舎にも延焼した。囚人が脱走することをおそれた幕府の役人は囚人を斬ることを決め、平野もここで命を落とすこととなった。

真木も平野も、幕末の動乱において名だたる志士とともに活躍したが、早い段階で命を落としてしまったため、十分その力を発揮することができなかったのは残念である。

また二人が生まれた福岡という地は、隣の長州藩や肥前佐賀藩が、いずれも明治維新の立役者を輩出したことに比べると、地味な存在と言える。それでも、この二人や後に秋月《あきづき》の乱を起こす秋月党のように、福岡も草莽《そうもう》の志士を輩出する土地でもあったことは見直されるべきであろう。

「オッペケペー」で政治を風刺した川上音二郎

「オッペケペー節《ぶし》」で一世を風靡《ふうび》した川上音二郎《かわかみおとじろう》（一八六四〜一九一一）は、たぐいまれな芸能人であるとともに、明治時代の自由民権運動の活動家としての顔も持った人物であった。

川上は元治元年（一八六四）に福岡藩の郷士・豪商の家の子として博多で生まれた。家族との折り合いが悪く、中学校のころに家を飛び出して東京に流れ着いた。そこで板垣退《いたがきたい》助《すけ》ひきいる自由党に参加すると、旧福岡藩士らによって結成された玄洋社《げんようしゃ》の立ち上げにも参加するなど、政治活動にたずさわるようになる。

しかし、川上は、いわゆる壮士、すなわち職業政治家として政治運動にたずさわる道ではなく、芸能によって政治運動をするという道を選んだ。講談や落語の修業をし、さらには劇団を結成して演劇の興行をおこなうようになり、寄席《よせ》や舞台で政治の風刺《ふうし》をするようになった。そして、明治二十二年（一八八九）に「オッペケペー節」を披露し、世情を風刺した歌は大流行となった。

「オッペケペー節」は何種類もの歌詞があったといわれるが、いずれも政治を風刺したものであり、たとえば、以下のようなものがある。

「権利《けんり》幸福《こうふく》きらいな人に。自由湯をば飲《の》ましたい。オッペケペ。オッペケペッポーペッポーポー」

「堅《かた》い上下角《かみしもかど》とれて『マンテル』『ヅボン』に人力車意気な束髪《そくはつ》ボンネット。貴女《きじょ》に紳士《しんし》のいでたちで。外部《うはべ》の飾《かざり》はよいけれど政治の思想《しそう》が欠乏だ。天地の真理《しんり》が解《わか》らない。心に自由の種《たね》を蒔《ま》け。オッペケペ。オッペケペッポーペッポーポー」

川上が立ち上げた一座は、書生や壮士といった素人《しろうと》を集めたものであり、書生芝居や壮士芝居ともいわれた。「オッペケペー節」以外にも、日清《にっしん》戦争を題材にした時事芝居や、泉《いずみ》鏡花《きょうか》の小説を舞台化した「滝の白糸《しらいと》」なども上演した。

川端商店街入り口にある川上音二郎像（福岡市提供）

　川上座の人気は一般の人々の間に広がったが、歌舞伎などの伝統芸能の側の人々にとっては面白くなかったようである。明治二十八年には川上座は歌舞伎座での公演をおこなうが、九代目市川團十郎《いちかわだんじゅうろう》は川上が歌舞伎座の檜舞台《ひのきぶたい》を踏んだことに激怒し、舞台を削りなおさせたといわれている。

明治三十三年には川上はアメリカに渡り、シカゴ、ボストン、ニューヨーク、サンフランシスコなど各地で興行をおこなった。川上の舞台は、東洋のめずらしい演劇としてアメリカ人の注目を浴びたが、中でも彼らに衝撃を与えたのは、川上が舞台で演じた「ハラキリ」の演技である。ヨーロッパ人にとっての「ハラキリ」のイメージを決定づけたのは、川上のこの演技であったともいわれている。

アメリカ公演の後、そのままヨーロッパに渡り、イギリスとフランスでも興行を開催し、フランスではパリ万博でも公演をおこなった。また、イギリス滞在時にはグラモフォン・レコード社の手によって「オッペケペー節」が録音され、ＳＰレコード（蓄音機で再生するレコード）として発売された。これは日本人による初めてのレコーディングであるといわれている。ただし、この時の録音で収録されたのは川上の肉声ではなかったようである。

帰国後は、大阪に帝国座、博多に博多座を建てるなど、芸能の振興にもたずさわった。また、川上が創始した演劇は、伝統的な歌舞伎とは異なるものとして、やがて「新派《しんぱ》」と呼ばれるようになり、様々な芸能人や劇団がここから育っていった。特に大正時代後半の一九二〇年代には新劇出身の女優であった水谷八重子《みずたにやえこ》を迎え人気を博し、また歌舞伎や他の演劇とも交流を深め、新派の発展を支えた喜多村緑郎《きたむらろくろう》と花柳章太郎《はなやぎしょうたろう》は、後に人間国宝（重要無形文化財保持者）にもなったのである。

アジア主義を貫く政治団体「玄洋社」

玄洋社は、旧福岡藩士が中心となって明治十四年（一八八一）に結成された政治団体である。日本初の右翼団体とも呼ばれるが、偏狭《へんきょう》なナショナリズムにこだわることなく、欧米諸国の植民地主義に対抗してアジア全体が連帯するという大アジア主義を標榜《ひょうぼう》し、グローバルな視点で活動していたことは注目に値する。

玄洋社はその大アジア主義に基づいて、植民地となったアジア各地で独立運動にたずさわっている人々を積極的に支援した。その支援を受けた中には、辛亥《しんがい》革命で清《しん》王朝を倒し中華民国を建国した孫文《そんぶん》、インドの独立運動家のラース・ビハーリ・ボース、朝鮮の親日開化運動家の金玉均《きんぎょくきん》や朴泳孝《ぼくえいこう》、さらにはフィリピンの独立運動家でフィリピン第一共和国を樹立したエミリオ・アギナルドらが含まれている。

この玄洋社の中心的な人物こそが頭山満《とうやまみつる》（一八五五〜一九四四）である。彼は福岡藩士の

西郷隆盛を敬愛した頭山満（国立国会図書館蔵）

子として生まれ、少年期は福岡藩の勤皇派の流れをくむ高場《たかば》乱《おさむ》という人物が開いていた興志塾に入門し、そこで進藤《しんどう》喜《き》平太《へいた》、箱田《はこだ》六輔《ろくすけ》ら後の玄洋社の創設メンバーと出会った。明治九年に秋月の乱と萩の乱が起こった際には、旧福岡藩士の不平士族の蜂起を画策したが、失敗し投獄されてしまう。

　西南戦争の後に解き放たれた頭山は、板垣退助のところにおもむき、そこで板垣から武力ではなく言論によって戦うことをさとされ、自由民権運動に加わることとなる。この自由民権運動のために結成した団体がもととなり、玄洋社が結成される。さらに同年に『福陵《ふくりょう》新報《しんぽう》』という新聞を創刊し、自ら社長となった。そして、政治の最大の課題であった不平等条約の改正問題について、政府への批判を繰り返した。

　当時の日本は、関税自主権や領事裁判権などで日本に不利な条件の、いわゆる不平等条約を欧米各国と結ばされていた。政府はそれを改正しようと欧米各国と交渉を重ねていたが、その内容が依然として日本に不利な内容であったため、頭山は不平等条約改正反対運動を起こして政府を批判した。明治二十二年には玄洋社社員の来島恒喜《くるしまつねき》が、外務大臣の大隈重信《おおくましげのぶ》に爆弾を投げるというテロ事件を起こしたりもした。

こうした中、明治三十年に日本に亡命していた孫文と出会ったことが、頭山と玄洋社をアジア主義に転回させるきっかけとなった。頭山の斡旋《あっせん》により孫文は東京に住居を与えられ、その活動費も頭山が支給した。孫文はその後、アメリカとヨーロッパを経《へ》て中国に戻り、辛亥革命を起こして一九一二年に中華民国を建国すると、大総統になった。この時、頭山は中国に渡って孫文と面会し、その労をねぎらったという。

その後、中華民国内での内部対立によって袁世凱《えんせいがい》に大総統の座を追われた孫文は、ふたたび日本に亡命を余儀なくされた。その際、孫文が滞在したのが、頭山の東京の自邸の隣家であったといわれている。この二度目の孫文の日本滞在時に、孫文の紹介によって頭山はアジア各地の独立運動家と交流を持ち、支援を広げていった。

一九二五年に孫文が死去し、その後継者となった蔣 介石《しょうかいせき》も、一時は国民党内の対立で立場があやうくなったため、頭山を頼って来日し、孫文が住んだ頭山の隣家に滞在したという。頭山の支援と叱咤《しった》激励を受けてふたたび中国に戻った蔣介石は、国民党を掌握して北伐を完遂し、中国統一を成しとげた。

頭山が孫文・蔣介石を支援してきたこともあって、蔣介石ひきいる国民党政府は、当初は親日の外交方針を打ち出していた。しかし、昭和六年（一九三一）に関東軍が満州事変を引き起こし、翌年に満州国が建国されると、徐々に日中両国の関係は険悪となっていった。

昭和十二年に盧溝橋《ろこうきょう》事件で日中両軍が激突すると、和平を進めたい意向を持っていた首相の近衛文麿《このえふみまろ》は、蔣介石と親しい頭山を日本の特使として中国に派遣し、和平の糸口をつかもうとしたが、この案は反対派の妨害にあい実現しなかった。日中戦争が泥沼化していた昭和十六年九月にも、頭山は東久邇宮稔彦王《ひがしくにのみやなるひこおう》に依頼され、蔣介石との和平会談を試みて中国に渡ろうとするが、首相の東条英機《とうじょうひでき》に妨害され、これも実現しなかった。第二次世界大戦の末期、昭和十九年十月五日に頭山は静岡県御殿場《ごてんば》の別荘で死去した。

頭山と玄洋社が夢見た大アジア主義は、孫文という革命家を育て、中華民国を打ち立てる上で大きな役割を果たしたものの、最終的には日本と中華民国が対立する道をたどったことは皮肉であり、頭山の望むところではなかったであろう。それでも晩年にいたるまで、中国との和平のために尽力し、時に政府に反抗して行動するその姿は、単なるナショナリストの枠にはとどまらない、グローバルでスケールの大きな人物であったことを示している。

この頭山の「反骨主義」と「グローバルな視野」は、まさに福岡という土地柄が生んだものであったといえよう。

侠客から国会議員になった吉田磯吉

近代ヤクザの祖とも評される吉田磯吉《よしだいそきち》（一八六七～一九三六）は、福岡県遠賀《おんが》郡芦屋《あしや》で生まれた。明治から昭和初期にかけて筑豊の炭鉱業にたずさわり、石炭輸送の面においても、特に大阪方面への石炭の荷出し港であった若松港の発展において欠かせない人物のひとりであった。親分衆の束《たば》ね役・地域社会の利益代表者・政治家・実業家・調停役・管財人・よろず引き請《う》け業など、多面的な「顔」を持つ人物であった。

吉田の生まれた筑豊地方は、炭鉱が盛んな地域で、その掘り出された石炭は「黒いダイヤ」とも呼ばれ、八幡《やはた》製鉄所で製鉄に使用されたのをはじめとして、近代日本における貴重なエネルギー資源として消費された。一方で、炭鉱で働く労働者の生活は過酷で、その様子を描いた山本作兵衛《やまもとさくべえ》（一八九二～一九八四）の絵画は、平成二十三年（二〇一一）にユネスコの「世界の記憶（記憶遺産）」に選定されたことでも有名である。

こうした炭鉱で働く人々は、全国から食い詰めて流れてきたものが多かったため、気性が荒いものが多かったといわれている。こうした人々は「川筋者《かわすじもの》」と呼ばれたが、この川筋とは石炭を運び出すのに用いられた遠賀川のことである。そして、いつしか「川筋者」＝「やくざ」とみなされるようになったのである。

こうした「川筋者」を相手にする実業家の側もまた、こうした荒っぽい気性を持つことは自然であった。吉田は、最初は遠賀川で「かわひらた船」による石炭輸送にたずさわっていたが、その後、石炭の積出港である若松港に移り、実業家として頭角をあらわすこととなる。

当時の若松の町は、日本でも有数のアウトローの集まる町であったといわれている。炭鉱業にたずさわるものに加え、隣接する官営八幡製鉄所の建設のために土木建設関係の労働者が集まってきていたのである。彼らはいずれも危険と隣りあわせの仕事であったため、「宵越《よいご》しの銭は持たない」気質の者が多く、そうした彼らの娯楽と言えば「飲む（酒）・打つ（賭博《とばく》）・買う（売春）」であった。こうした町において喧嘩《けんか》やトラブルは日常茶飯事であったが、吉田はこうした荒くれものを相手に仕事をし、時にトラブル解決のために一肌脱《ひとはだぬ》ぐことで、彼らの信頼を勝ち得ていった。

吉田はこうして自らの事業も広げていき、さらには芦屋鉄道を敷設して石炭の輸送量を高めることにも成功した。事業を展開する中で、地域の代表者としての役割が期待されるようになり、ついには大正四年（一九一五）に衆議院議員に当選し、昭和七年（一九三二）まで議員を務めたのである。

吉田はいわゆる「川筋者」＝「やくざ」の親分であっても、自身は温厚で物静かな人物であったといわれており、前科もなかった。こうしたことが、政治家として転身する上でも都合がよかったのであろう。

映画「花と龍」にも大親分役で登場する吉田磯吉（国立国会図書館蔵）

また、吉田は博打好きであったが、いわゆる博徒《ばくと》ではなかった。伝統的な日本の「やくざ」は、博徒の系統か香具師《やし》（的屋《てきや》）の系統かに分かれるが、吉田はいずれでもなく、実業家出身であったという意味において、しばしば近代ヤクザの祖とも称されるようになったのである。ちなみに近代ヤクザの代表的な存在である山口組の創設者である山口春吉《やまぐちはるきち》（一八八一〜一九三八）も、神戸港の沖仲仕《おきなかし》（港湾労働者）を仕切って人材派遣業として山口組を興《おこ》したのである。

吉田は昭和十一年に死去するが、葬儀の日は雪であったにもかかわらず、二万人が参列したといわれている。それだけ多くの人々に愛された人物だったということであろう。

彼の養子であった吉田敬太郎《よしだけいたろう》は、父の後を継いで昭和十七年に衆議院議員に当選するが、国会で戦争批判を繰り返したために投獄された。その獄中で聖書に出会い、戦争が終わって昭和二十一年に洗礼を受け、昭和二十四年には若松にあった若松バプテスト教会の再建に尽力し、その牧師となった。昭和二十六年には若松市長に当選し、昭和三十八年に門司《もじ》・小倉《こくら》・若松・八幡・戸畑《とばた》の五市が合併して北九州市が誕生すると、初代の市長としての仕事を市長職務執行者として務めた。市長在任中も日曜日は牧師として教会で司式を務めつつ、若松の町と北九州の繁栄に貢献した。その意味でも、父である吉田磯吉の仕事を正しく継承したのであった。

東条英機を批判した「国家主義者」中野正剛

中野正剛《なかのせいごう》（一八八六〜一九四三）は、国家主義（ファシズム）政党である東方会《とうほうかい》を立ち上げ、その主宰者となったが、日本がファシズム国家として戦争に突入していく中で首相の東条英機を激しく批判し、その結果、命を失うこととなった人物である。

中野は旧福岡藩士の息子として福岡に生まれ、早稲田大学に進学して東京に移った。大学時代は学費をかせぐために言論雑誌『日本及日本人』に原稿を寄稿し、それが縁で玄洋社の頭山満と知り合うことになったという。

大学卒業後はジャーナリストとなり、一方で政治家としての道を目指す。大正九年（一九二〇）に衆議院議員に初当選し、政界進出をはたした。

時の権力者に頑強に反対した中野正剛（国立国会図書館蔵）

昭和十一年（一九三六）には東《ひがし》則正《のりまさ》と国家主義政党である東方会を結成し、自ら主宰となった。その後、イタリアとドイツを訪問し、国家主義の先達者《せんだつしゃ》であり、あこがれの人物でもあったムッソリーニとヒトラーに面会した。中野はナチスの制服にもあこがれ、帰国してからもその乗馬ズボンを愛用するようになったといわれている。

昭和十五年に大政翼賛会《たいせいよくさんかい》が結成され、既存の政党はすべてこの会の傘下《さんか》に置かれるようになると、中野は総務の任につく。その後、首相の東条英機が独裁色を強めるようになると、これに反発して昭和十七年には大政翼賛会を脱会している。

この当時、戦時下にあって一国一党体制が求められている中で、大政翼賛会からの脱会は反国家行為とみなされてもおかしくなかった。しかし、中野は同じ年に実施された総選挙、いわゆる「翼賛選挙」においても、東方会から四十六人の候補者を立てて、大政翼賛会に対抗した。結果的に当選したのは中野を含めて七人であったが、それでも大政翼賛会への参加はかたくなに拒否した。最終的には東条内閣の内閣書記官長の星野直樹《ほしのなおき》による説得に応じて、しぶしぶ大政翼賛会に入ることを了承した。

それでも中野の東条に対する批判はとどまることなく、昭和十七年十一月十日に早稲田大学大隈《おおくま》講堂において、「天下一人を以《もっ》て興る」という演題で二時間半にわたり大演説をおこなって東条を弾劾《だんがい》した。さらに昭和十八年正月の朝日新聞に「戦時宰相論」と題する手記を寄稿し、名指しこそしなかったものの、東条を「無能力な宰相」と痛烈に批判した。

中野が理想とするのは、ムッソリーニやヒトラーのような強力なリーダーシップを持った指導者であった。その意味において、中野はフランスのクレマンソーやイギリスのチャーチルも高く評価していたといわれている。一方で日本の大政翼賛会は、東条におべっかを使うものだけが登用され、その結果、茶坊主体制となってしまい、国の行く末を誤らせていると中野は批判したのである。

さらに中野は、元陸軍大臣の宇垣一成《うがきかずなり》や東久邇宮稔彦王をかつぎだして東条内閣を打倒しようと画策するが、十八年十月二十一日に警視庁の特高警察によって身柄を拘束されてしまう。中野は衆議院議員であったため、議会中は逮捕されないという不逮捕特権があった。同月二十五日に釈放され、自宅軟禁されることとなったが、もちろん憲兵隊の見張りがつけられていた。

十月二十七日に中野は自宅の書斎で割腹自殺をとげた。自刃する前に、部屋に飾ってあったムッソリーニとヒトラーからもらった額をはずし、机の上に楠《くすのき》木正成《まさしげ》の像と『大西郷全伝』を置いたといわれている。中野の自刃の知らせを聞いて駆け付けた頭山満は「古武士のような見事な最期」と言ったといわれている。

中野は国家主義者である一方で、ムッソリーニやヒトラーとも交流するなど国際的な視野も持ち、また純粋に国を憂《うれ》いたがために、時の権力者であった首相・東条英機にも臆することなく反抗した。こうした彼の気質もまた、福岡の人間らしい生き方と思わざるをえない。

A級戦犯となって処刑された広田弘毅首相

広田弘毅《ひろたこうき》（一八七八～一九四八）は、第二次世界大戦後の極東国際軍事裁判（東京裁判）で、文官としてはただひとり、A級戦犯として有罪判決を受け死刑となった人物である。戦前の一連の政治史の中で、たしかに広田は首相まで務めた人物ではあるものの、積極的に戦争を推進した人物のようには思えず、むしろ戦争を回避するように努めた人物のようにも思える。にもかかわらず、広田はなぜ死刑判決を受けることとなったのだろうか。

広田は石材店の息子として福岡で生まれた。この父の石材店は玄洋社とつながりがあったようで、大隈重信に爆弾を投げ自殺した玄洋社社員の来島恒喜のために、立派な墓碑を寄贈した。

広田自身も玄洋社の柔道場で柔道の稽古をしており、自身も玄洋社に入社している。大学は東京帝国大学に進学し、この時も玄洋社の平岡浩太郎《ひらおかこうたろう》が学費を援助している。卒業後は外務省に入省し、外交官としての道を歩み始めた。また赴任直前には、下宿時代に知り合った玄洋社幹部の月成功太郎《つきなりこうたろう》の次女の静子と結婚した。

外交官時代は、イギリス、アメリカ、オランダの在外公館での勤務を経て、昭和五年（一九三〇）に駐ソビエト連邦特命全権大使を拝命した。昭和八年には斎藤実《さいとうまこと》内閣の外務大臣に抜擢《ばってき》され、その後の岡田《おかだ》啓介《けいすけ》内閣でも引き続き外務大臣を務めた。このころの日本の外交の課題は、満州事変から始まった満州国の建国と、それにともなう中華民国との摩擦であった。広田は協和外交をかかげ、中華民国との平和的解決に向けた交渉を続けた。

城山三郎の小説『落日燃ゆ』の主人公、
広田弘毅（国立国会図書館蔵）

そんな中、突如として昭和十一年二月に二・二六事件が発生し、その責任を取って岡田内閣が総辞職した。後継の首相として指名されたのが広田であり、こうして成立したのが広田内閣である。広田内閣はその意味で当初より「中継ぎ」的な役割であったといえるが、それでも名家の出身でもなく、政治家としてのキャリアも乏《とぼ》しかった広田が首相になることは、当時としては異例なことであった。また広田内閣では外務大臣についても広田が兼務した。

広田内閣における最も重要な出来事は、昭

和十一年十一月に調印された日独防共協定である。これは日本が昭和八年に国際連盟を脱退して国際社会で孤立している状況の中、同様に国際連盟を脱退したドイツ・イタリアに接近したいという思惑と、日中戦争にソ連が介入することを牽制《けんせい》する目的があったと考えられる。この協定の締結の水面下では、玄洋社の頭山満が秘密裏にドイツの大使と連絡を取り、その斡旋をおこなったといわれている。

この協定は昭和十四年にドイツがソ連と独ソ不可侵条約を締結したため、事実上、反故《ほご》にされたが、翌年にあらためて日独伊三国軍事同盟が締結されたことから、枢軸《すうじく》国体制が成立するきっかけとなった役割は大きいと言える。

広田内閣は政党と軍部との対立を受けて、昭和十二年一月に総辞職し、わずか一年足らずの短命に終わった。広田はその後の第一次近衛《このえ》内閣で外務大臣を務めるなど、引き続き日本の外交において重要な役割を果たした。第二次世界大戦中は、ソ連とのコネクションが強かったこともあり、ソ連との交渉を通じて和平の道をさぐったが、残念ながら不調に終わった。

戦後、広田はA級戦争犯罪人容疑者として逮捕され、巣鴨プリズン（拘置所）に収監された。GHQが組織した国際検察局は、広田の首相在任中に軍部大臣現役武官制が復活し、これにより軍部の政治介入を許したことを重く見ていたといわれている。また、広田が日独防共協定の締結をおこなったことが、枢軸国体制のきっかけとなり、ひいては第二次世界大戦につながったことの責任を問われたという側面もあると考えられる。

さらには広田が玄洋社の社員であり、ナショナリストであったとする偏見も影響したのかもしれない。事実、妻の静子は東京裁判開廷前の昭和二十一年五月に服毒自殺しているが、これは自身が玄洋社幹部の娘であり、それが夫の裁判に影響するかもしれないと責任を感じてのことと伝わっている。

結果、広田は「侵略戦争の共同謀議」「満州事変以降の侵略戦争」「戦争法規遵守《じゅんしゅ》義務の無視」の三つの訴因で有罪とされ、死刑判決がくだされた。広田と同様に元首相として東京裁判にかけられたものの死刑判決をまぬがれたものや、そもそも裁判をまぬがれたものもいる中で、広田が死刑となることは意外であった。広田は弁明をすることなく、その判決を受け入れた。

広田の立場にしてみれば、責任をすべて軍部に押し付けて罪をまぬがれるか、あるいは情状酌量《しゃくりょう》を求めることも可能だったかもしれない。しかし、そうしなかったのは第一に天皇を守り、戦争の責任を自身で引き受けようという考えからではないかと思う。広田は民間の出身ではあったが、玄洋社のもとで武士としての生き方にふれ、そして自らも武士らしく人生をとげたいと考えたのではなかろうか。

外交官として世界を相手に活躍する一面と、日本人の矜持《きょうじ》を守って運命を受け入れる一面、この二つの面を兼ね備えた広田という人物は、やはり福岡が生んだ人間らしいと言える。

第六章

独自の文化を持つ「福岡」

大がかりな装飾古墳

古墳時代の九州は、独自の古墳文化が花開いた地域であったが、そのうち特徴的なのは装飾古墳の存在である。これは古墳の内壁や石棺《せきかん》に、浮彫《うきぼり》や線刻、彩色などの装飾がほどこされたもので、全国で約六百基あるといわれているが、その大半が九州の福岡県と熊本県に集中している。

このうち代表的なものが福岡県嘉穂《かほ》郡桂川《けいせん》町の遠賀川《おんががわ》流域に所在する王塚古墳《おうづかこふん》である。この古墳は古墳時代後期（六世紀中ごろ）に築かれた長さ八十六メートルほどの前方後円墳であるが、現在は前方部の一部が削《けず》られ、ホタテガイのような形状になってしまっている。石室にはほぼ全面にわたって、同心円文《どうしんえんもん》と三角文による幾何学《きかがく》的な文様の装飾がほどこされ、しかもその色彩は赤・黄・緑・黒・白とカラフルである。中には、騎馬像や靫《ゆぎ》（矢を入れる筒）、大刀、盾《たて》といった具象的な文様や、「双脚輪状文《そうきゃくりんじょうもん》」や「蕨手文《わらびでもん》」といった抽象的な文様もある。

こうした文様は粘土をもとにした顔料を、石室の石材に直接塗ることで描かれている。そうした点において、奈良県の高松塚《たかまつづか》古墳やキトラ古墳といった壁画古墳の壁画とはまっ

王塚古墳内部には横穴式石室があり、遺体を納めた後室と前室に分かれていた。前室〈左〉と後室〈右〉のレプリカ（王塚装飾古墳館提供）

たく異なっている。壁画古墳の壁画は、石室の石材の上に漆《しっ》喰《くい》が塗られ、その漆喰の上に鉱物をもとにした顔料（岩絵の具）と植物由来の染料で描かれている。その意味で、高松塚古墳やキトラ古墳の壁画は、フレスコ画や日本画のように繊細だが、カビなどの影響を受けやすいデリケートなものであるのに対し、王塚古墳などの装飾古墳の壁画は、先史時代の洞窟壁画や、オーストラリアの先住民「アボリジニ」の描く岩絵のように、プリミティブでビビッドな印象を受ける。

装飾古墳に描かれた文様が何を意味するのかはわかっていない。そのような中、注目されるのは、福岡県うきは市に所在する珍敷《めずらし》塚《づか》古墳に描かれた、船の絵である。この船には船首の部分に鳥がとまっており、さらに船の上には三重の同心円が描かれている。珍敷塚古墳は屋《や》形《かた》古墳群と呼ばれる四基の古墳からなる古墳群のひとつであるが、ほかの三基もやはり装飾古墳であり、そのうちほかの二基にも船が描かれている。これらの古墳が位置するのは筑紫《ちくし》平野の内陸部であるが、筑後川の流域であり河川交通を利用すれば有明海《ありあけかい》にアクセスできるため、こうした船の表現が選ばれたのかもしれない。

また解釈の分かれるのが、船の絵とともに描かれた同心円の文様である。これは太陽を描いたものであるとする説が有力であるが、ほかの古墳にも一般的に見られる同心円文と共通した要素である。こうした同心円文や、あるいは単純な円の文様は、ひとつの石室に数多く描かれることも多いため、それらすべてが太陽を描いているとは想像しにくい。

私はこれらの文様は星を描いたものではないかと考えている。そして、船が一緒に描かれていることから、これは星を見ながら航海した様子を描いたもので、象徴的には死者の世界へ船出する様子を表現していると思っている。

星を頼りにする航海術は、現在でもオセアニアの人々によって伝承されているが、古代においても広くおこなわれていたと考えられる。同じ緯度の地域であれば、ある星が水平線から上ってくる方角、あるいは水平線に沈む方角は一定である。この原理を利用すれば、星の上り下りの方角を見ることでコンパスのように方位を知ることが可能である。一方で太陽や月は、季節によって上り下りする方角が変化するため、おおまかにしか方位を知ることができない。その意味において、航海術においては星の方が重要な手がかりとなるのである。

装飾古墳の地理的な分布を全国に広げて見てみると、まず九州では有明海に面した地域に多い。次に分布が多いのは、不思議なことに九州から遠く離れた東北地方で、しかも福島県の浜通り地方から宮城県の仙台平野にかけての太平洋沿岸部に多い。またその間の地域でも、瀬戸内海沿岸や相模《さがみ》湾沿岸、房総半島など、海に近い地域に分布している。

こうしたことから、装飾古墳の分布は古墳時代後期の海洋民の動き、特に有明海周辺の海に関連した人々の動きと、何らかの関係があるのではないかと私は見ている。彼らは有明海から瀬戸内海を経て、本州の太平洋側を海伝いに移動し、東北地方までいたった。しかし、その人口移動は船を使った小規模なものであったため、装飾古墳の文化は全国で一般的に広まるのではなく、海に面した地域に飛び地のように分布するようになったのではないかと考えている。

日本の「禅」は福岡から

日本に禅宗が伝わったのは鎌倉時代のことであるが、その最初の上陸地となったのは博多である。南宋《なんそう》に渡って禅宗を学んだ栄西《えいさい》（一一四一～一二一五）は、建久《けんきゅう》二年（一一九一）に帰国して臨済宗《りんざいしゅう》を開き、まず九州で布教を始めた。当初は天台宗など伝統宗派からの排斥《はいせき》にあったが、やがて鎌倉幕府の源 頼朝《みなもとのよりとも》の庇護を受け、博多に道場建設のための土地を与えられた。こうして建久六年に建立されたのが博多の聖 福寺《しょうふくじ》であり、日本最初の禅宗の寺院となる。その後、栄西は禅宗がほかの仏教の宗派を否定するものでないことを唱えて、既存の宗派との融和をはかった。

栄西は建久九年に幕府の庇護を得るために鎌倉に移り、頼朝の一周忌の導師を務めるなど、事実上、臨済宗は幕府の公認宗派としての地位を得ることに成功した。その後、京都に建仁寺《けんにんじ》が建てられ、朝廷からの庇護も受けるようになり、日本における禅宗の立場を確立した。

博多においては、南宋出身の綱首《こうしゅ》である謝国明《しゃこくめい》が禅宗を広めるのに大きな役割を果たした。仁治《にんじ》三年に大宰 少 弐《だざいのしょうに》である武藤資頼《むとうすけより》が、南宋に留学していた円爾《えんに》を招いて博多に承天寺《じょうてんじ》を建立した際、謝国明をはじめとする南宋出身の商人が援助した。承天寺は博多に禅宗を広めるのみならず、うどんや蕎麦《そば》、饅頭《まんじゅう》といった中国大陸伝来の新しい食べ物を広めるなど、博多における南宋文化の窓口の役割も果たした。

円爾こと聖一国師が中国から製粉技術を持ち帰り、粉物文化を広めた。承天寺境内に立つ饅頭発祥の碑（福岡市提供）

京都の建仁寺で栄西の弟子である明全《みょうぜん》に師事した道元《どうげん》（一二〇〇～一二五三）は、貞応《じょうおう》二年（一二二三）に明全とともに博多から南宋に渡り、各地の寺院で学んだ。その最中、明全は嘉禄《かろく》元年（一二二五）に客死するが、道元は曹洞禅《そうとうぜん》を修め、嘉禄三年に帰国し、曹洞宗を開いて寛元《かんげん》二年（一二四四）に永平寺《えいへいじ》を建立した。臨済宗が鎌倉幕府の公認宗派である立場だったのに対し、曹洞宗は地方の武士や一般民衆の間に広まっていった。

日本におけるもうひとつの禅宗の宗派である黄檗宗《おうばくしゅう》は、江戸時代に来日した明《みん》の僧である隠元隆琦《いんげんりゅうき》（一五九二～一六七三）によって開かれた。彼は長崎の唐人街にあった崇福寺《そうふくじ》の住職として赴任するために承応《じょうおう》三年（一六五四）、長崎に来日し、その後、江戸幕府第四代将軍徳川家綱《とくがわいえつな》のすすめもあって山城国《やましろ》の宇《う》治《じ》に萬福寺《まんぷくじ》を建立し、黄檗宗を開いた。

ちなみに、禅宗とともに日本にもたらされた重要な文化は茶の文化である。茶が日本に伝来したのは奈良時代ごろといわれており、平安時代には皇族や貴族の間で茶が飲まれていた。その後、喫茶の習慣は廃《すた》れてしまい、それを再興させたのが栄西である。栄西は南宋から茶の種子と苗を持ち帰っており、建保《けんぽう》二年（一二一四）ごろに『喫茶養生記』という書物をしたためている。これは茶の種類や抹茶の製法、薬としての茶の効用が書かれており、当時の茶は嗜好品《しこうひん》というより薬として用いられたようである。その後、戦国時代になって武士の間で喫茶の風習が盛んになり、武野《たけの》紹鷗《じょうおう》、千利《せんのり》休《きゅう》らがそれを「茶の湯」として洗練させた。

この時代までの茶と言えば、抹茶、すなわち茶葉を蒸してから乾燥させたもの（碾茶《てんちゃ》）を茶臼《ちゃうす》でひいて粉末にしたものであった。今日、一般的に飲まれている煎茶《せんちゃ》、すなわち茶葉を湯にひたして成分を抽出《ちゅうしゅつ》するものは、黄檗宗の隠元隆琦が日本に伝えたものといわれている。このように禅宗と茶の文化は、密接につながっているのである。

朝鮮人陶工がもたらした伊万里・有田のワザ

伊万里《いまり》・有田《ありた》と言えば日本を代表する磁器の産地であり、その製品はかつて日本の重要な輸出品であり、遠くヨーロッパにまで流通した。ヨーロッパの磁器を代表するマイセンも、その初期の製品は伊万里の影響を受けているといわれるほどである。実は、日本で磁器が作られるようになったのは意外と新しく、江戸時代の初めのことであった。

それまでの日本の陶磁器生産は、もっぱら備前焼のような陶器が中心であり、磁器は輸入品に頼っていた。中国大陸では青磁および白磁の技術が発達し、特に南宋および元《げん》の時代には、龍泉窯《りゅうせんよう》（浙江省《せっこうしょう》）や景徳鎮《けいとくちん》（江西省《こうせいしょう》）で生産された磁器が輸出され、日本にも数多く輸入された。また、元から明の時代にかけては、白磁に絵付けをほどこした染付も景徳鎮などでさかんに生産されるようになり、日本にも多くもたらされた。これ以外にも、朝鮮半島では高麗《こうらい》の時代に高麗青磁の生産が活発になり、李氏朝鮮時代には李朝白磁と呼ばれる白磁の生産が活発となった。さらにはベトナムでも李《り》朝（十一～十二世紀）・陳《ちん》朝（十三～十五世紀）のころには中国の青磁や白磁を模倣したベトナム陶磁器が多く作られるようになり、戦国時代には南蛮貿易とともに日本にもたらされるようになった。

その意味で、日本は東アジアにおいては磁器生産の途上国であったわけだが、大きく変化するきっかけとなったのが、豊臣秀吉の朝鮮出兵（文禄《ぶんろく》・慶長《けいちょう》の役）である。この時、朝鮮出兵に従軍した佐賀藩の鍋島直茂《なべしまなおしげ》は、朝鮮から多くの陶工を拉致《らち》し、佐賀に連れ帰って磁器生産にあたらせた。朝鮮から陶工を連れ帰ったのは佐賀藩だけでなく、たとえば薩摩藩も同様に拉致してきた朝鮮の陶工に窯業《ようぎょう》にあたらせたのが、現在の薩摩焼の起源である。しかし、薩摩では磁器の生産にはいたらず、もっぱら陶器を生産した。

佐賀藩が磁器生産で成功した理由は陶石の発見である。磁器の原料となる陶石にはカオリンと石英《せきえい》と長石《ちょうせき》が含まれていなければならず、高温で焼成することによって、これらが溶けてガラス状となり、磁器の独特の質感を生み出すのである。佐賀藩では、朝鮮人陶工の李参平《りさんぺい》が有田の泉山《いずみやま》で陶石を発見し、元和《げんな》二年に磁器生産を開始したのが、伊万里焼の始まりである。

ちなみに「伊万里」と「有田」はしばしば混同されるが、もともと有田で生産され、積み出し港であった伊万里から出荷された製品が「伊万里焼」と呼ばれるようになった。その後、伊万里地区で生産されたものを「伊万里焼」、有田地区で生産されたものを「有田焼」と呼び分けるようになったこともあり、区分がややこしくなる。「古伊万里《こいまり》」と呼ばれるものは、江戸時代に有田で生産された骨董《こっとう》的価値の高いもののことを指して呼ぶ。

　初期の伊万里焼は、白磁に青一色で絵付けをほどこしたシンプルな染付が多かったが、その後、初代酒井《さかい》田《だ》柿右衛《かきえ》門《もん》（一五九六〜一六六六）が、乳白色の地肌に赤色系の上絵《うわえ》を焼き付けた、大和《やまと》絵《え》のような絵画的な文様が特徴の、柿右衛門様式と呼ばれる様式を生み出した。以後、伊万里焼は絵画的かつ技巧的な文様を発展させていく。

　おりしも一六四四年には明が滅亡し、その後を継いだ清《しん》は、台湾で抵抗を続ける明の亡命政権（鄭《てい》氏政権）を経済封鎖《ふうさ》するために外国商船の行き来を禁止した。そのため中国陶磁器の輸出もとどこおってしまい、それに置き換わる形で伊万里焼がさかんに輸出されるようになった。

日本名を金ヶ江三兵衛といった李参平。
有田町にある碑（佐賀県観光連盟提供）

　その中には、輸出先であるヨーロッパの好みにあわせるため、赤と金を多用した絵付も作られるようになり、「古伊万里金襴手《きんらんで》」と呼ばれている。こうした製品が、後にマイセンが生み出されるのに大きな影響を与えたといわれている。

伊万里での磁器生産は、日本の他の地域での磁器生産をうながす刺激ともなった。そのうちのひとつが加賀の大聖寺《だいしょうじ》藩（加賀藩の支藩）で生産された九《く》谷焼《たにやき》で、十七世紀中ごろに、九谷村で良質の陶石が発見されたことをきっかけに、藩士の後藤才次郎《ごとうさいじろう》を有田に派遣して技術を習得させ、藩の殖産産業として生産が始まったとされる。

当初は中国磁器の代替品だった有田焼
（佐賀県観光連盟提供）

実は初期の九谷焼、すなわち「古九谷」と呼ばれるものは、実際には九谷ではなく有田で生産されたものだとする説もある。初期の九谷焼の生産は五十年ほどでいったん廃絶し、その後、十九世紀初めになってふたたび操業を開始し、今でいう九谷焼となって興隆をきわめた。

陶器の生産地として日本有数の規模を誇った尾張《おわり》の瀬戸窯《せとよう》も、一時は伊万里焼に市場を奪われ衰退を余儀なくされたが、十九世紀初めに加藤民吉《かとうたみきち》親子が有田から磁器生産の技術を伝えたことから、ここでも磁器の生産が始まり、主力製品となった。

このように、日本を代表する工芸品のひとつである磁器のルーツは伊万里・有田にあると言っても過言ではないが、それも朝鮮の陶工の技術があって初めて成しえたものであったことは否定できない。戦争のために無理やりに日本に連れてこられた彼らにとっては不幸な事情ではあったが、日本の磁器の生みの親となり、ひいては日本を代表する文化にまで育ててくれたことには、感謝してもしすぎることはないだろう。

玄界灘が閉じられた長い時間

先史時代より長らくアジア世界の玄関口としての役割を果たしていた博多ではあったが、江戸時代の鎖国政策の時期は、その玄関口が閉ざされた、長い雌伏《しふく》の時期でもあった。

寛永《かんえい》十二年（一六三五）、幕府は中国商船の入港を長崎のみに制限する措置《そち》をとった。そのため、これまで中国との貿易にたずさわっていた博多の商人たちの活躍の場は失われることとなった。それでも海外貿易には抗しがたい魅力があったようで、博多商人の伊藤小《いとうこ》左衛門《ざえもん》は、朝鮮との間で武器の密輸をおこなっていたことが発覚し、寛文《かんぶん》七年（一六六七）に長崎奉行所により一族全員が処刑されている。

朝鮮との貿易は対馬《つしま》の宗《そう》氏によって担われた。朝鮮からは朝鮮人参《ちょうせんにんじん》や木綿、生糸《きいと》が輸入されたほか、清《しん》から朝鮮を経由して生糸や絹も輸入された。日本からはその代金として銀が輸出されたが、この銀は石見《いわみ》銀山や佐渡《さど》銀山、生野《いくの》銀山などから産出されたものであり、一時は世界で流通する銀の三分の一を日本産のものが占めたといわれている。

朝鮮との間では、幕府の将軍の代替わりごとに朝鮮から通信使が派遣され、この朝鮮通信使を介した外交および文化の交流もおこなわれた。朝鮮通信使は正使と副使を中心に、文官、武官、さらには文化人や医師、楽団もともない、総勢五百人にもおよんだ。朝鮮通信使は対馬、壱岐《いき》を経て、響灘《ひびきなだ》の藍島《あいじま》を経由し、関門海峡を通って瀬戸内海に入り、大坂で上陸してそこからは陸路で江戸に向かった。残念なことに博多はこのルートからは外《はず》れていたので、彼らを出迎える機会はなかった。

このように江戸時代における博多は、海外との貿易や交流にたずさわることはほとんどなかった。しかし、博多はこの逆風の時代を逆手に取って、国内の内航海運の拠点としての道を歩むこととなったのである。

江戸時代には廻船《かいせん》と呼ばれる港から港へ旅客や荷物を運んで回る船による海運がさかんとなった。廻船には菱垣《ひがき》廻船や樽《たる》廻船といった高性能な船が使われ、また木綿帆が普及するようになったため、これまでの沿岸を航海する「地乗り」航法だけでなく、陸から離れ

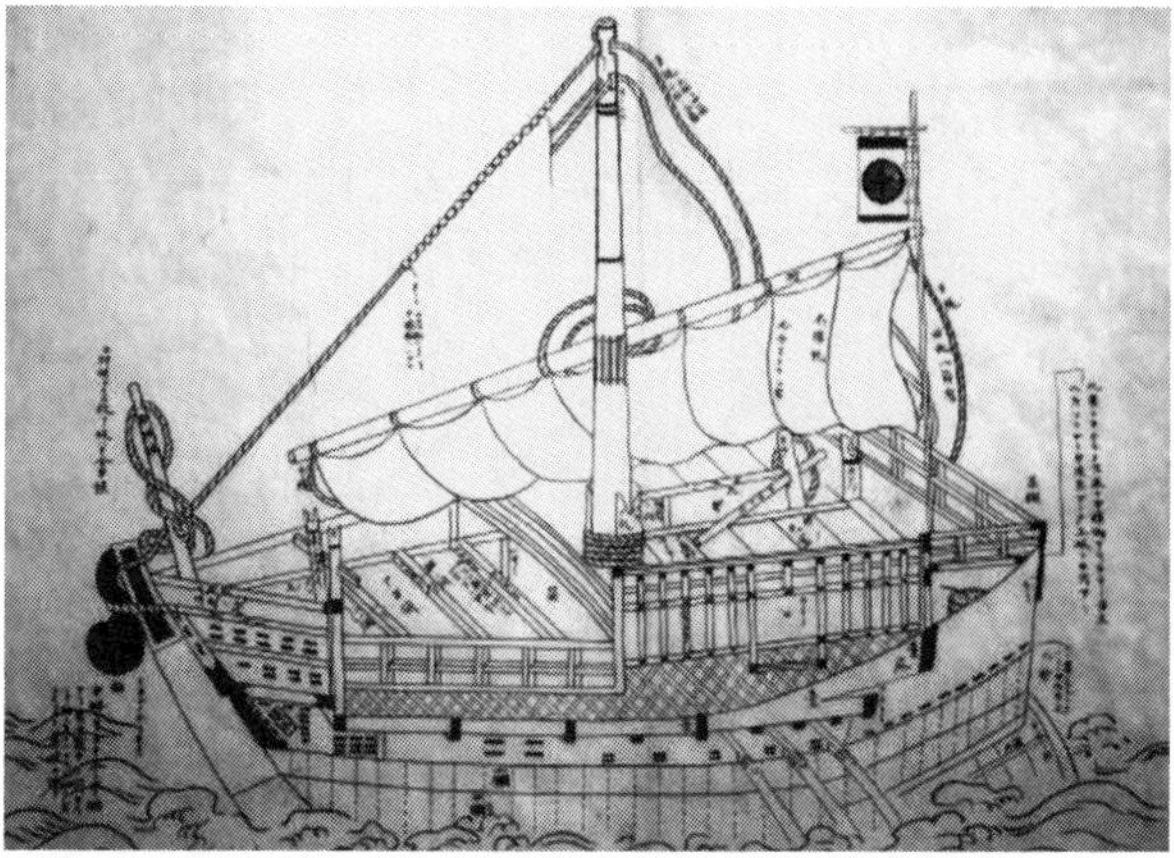

両舷に垣根のような囲いをひし形に組んだ菱垣廻船（『東京諸問屋沿革誌』／東京都公文書館蔵）

た沖合を航海する「沖乗り」航法が可能となったため、海運の効率は飛躍的に向上した。こうした廻船のルートのうち最も有名なのが、日本海を通って北海道にまでいたる「北前《きたまえ》船《ぶね》」である。

　博多湾では「筑前五《ちくぜんご》ケ《か》浦《うら》」と呼ばれる、能《の》古《こ》、今津《いまづ》、浜崎《はまさき》、宮浦《みやのうら》、唐泊《からどまり》の五つの港が整備され、それぞれ廻船の拠点となった（百七十九頁地図参照）。当初はこれらの廻船は大坂や江戸に米を輸送する業務にたずさわっていたが、やがて国内の廻船のルートにおける中継地としての役割が高まり、木材や海産物といった様々な物資を全国に運ぶこととなった。

　この筑前五ケ浦の廻船問屋における代表的な人物は筑前屋《ちくぜんや》作右《さくえ》衛門《もん》である。彼は幕府から米の輸送業務を請《う》け負っており、享保《きょうほう》五年（一七二〇）には幕府の依頼によって越後《えちご》から米を東回りで江戸に輸送する業務にあたっている。このように筑前五ケ浦の廻船問屋は全国をまたにかけて活動していたのである。

廻船業は危険と隣りあわせの仕事でもあった。廻船に用いられた船は甲板《かんぱん》がなく、また二枚以上の帆を持つものもなかった。これは海外渡航を禁止した幕府の命令によるものといわれることもあるが、実際には積荷の積載量を増やす設計であった。そのために難破《なんぱ》しやすい構造であったのも、事実である。享保十三年には鹿島灘《かしまなだ》で筑前五ケ浦の十六隻の船が遭難するという悲劇も起こっている。こうした遭難が相次いだことや、ライバルの北前船の台頭により、筑前五ケ浦の廻船業はゆるやかに衰退への途をたどったが、それでも幕末には能古の廻船「虎吉丸《とらよしまる》」が幕府の御用船に選ばれるなど、依然として内航海運の重要な役割を果たした。

東京、上海、ソウルと同距離にある博多

地図の上で博多の位置を見てみると、東アジアの三つの大都市である東京・上海《シャンハイ》・ソウルのほぼ中間地点にあることがわかるだろう。実際、直線距離で測ってみると、東京・上

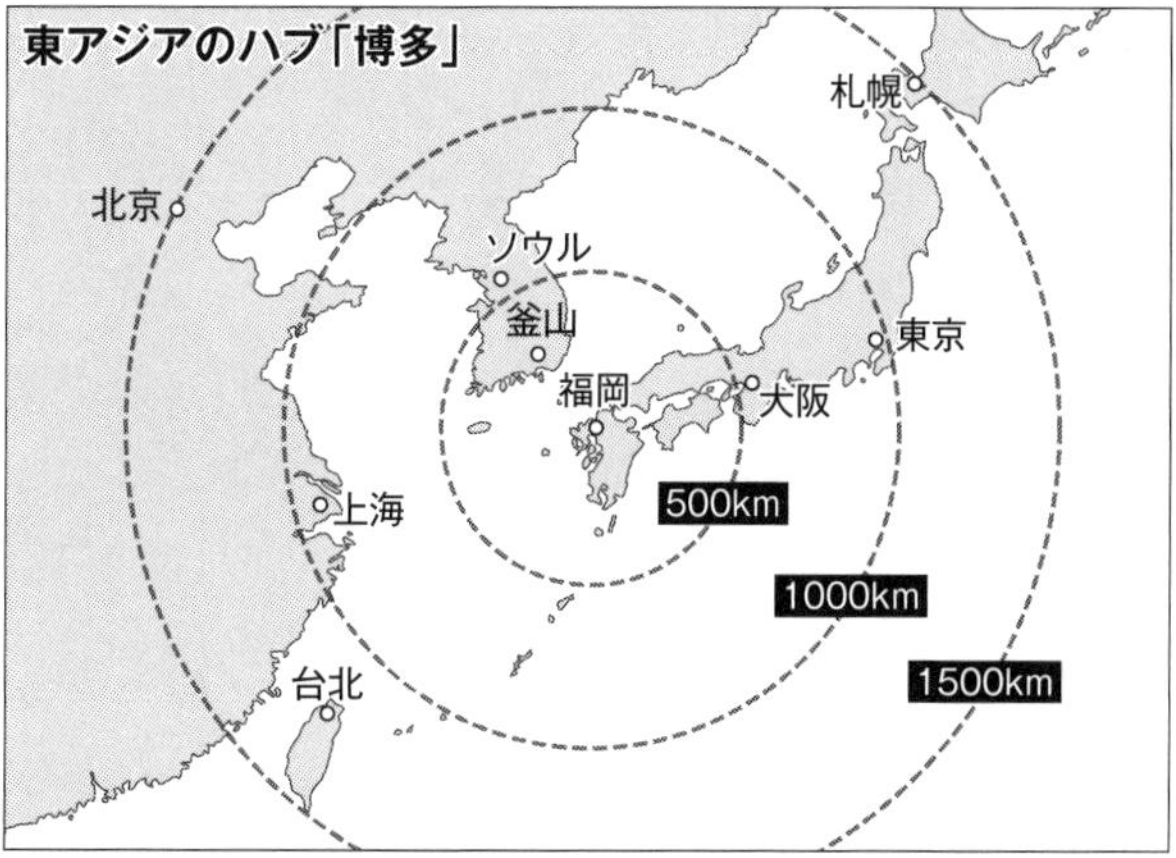

大阪・東京・札幌とほぼ同じ距離で、釜山・ソウル・上海・北京・台北に行くことができるため、福岡はアジア諸国との交流に最適な位置にある

海までは八百キロメートルあまり、ソウルまでは五百キロメートルあまりと、むしろ隣の国の首都の方が近い距離にあるのだ。こうした地理的な位置から、博多は東アジアのハブ（車輪の中心）としてのポテンシャルの高さを有していることがわかる。

かたや、かつては日本列島におけるアジア世界の玄関口としての役割を果たしながら、江戸時代の長きにわたる鎖国政策のために、博多は国際港としての地位を失ってしまった。明治時代になって、海外との貿易が再開されても、博多が国際港の地位に返り咲くには大きな課題があった。それは博多港の浅海《せんかい》化である。

近代になって船も大型化し、喫水の深い船

が入港するには深い水深の港が求められるようになった。博多はもともとラグーン地形から発達した浅海の港であった。しかも中世から近世にかけての都市の発展とともに、港の浅海化はさらに進行し、戦国時代においてもヨーロッパからの外国船が入港困難なくらいとなっていた。結果的にそのことが、国際港の地位を長崎に奪われる遠因ともなったのである。

明治四十年（一九〇七）に政府は港湾調査会を設立し、全国の港湾の整備を目的として、その重要度から第一種・第二種重要港湾を選定する事業をおこなった。この時、博多港はいずれにも選定されなかった。翌明治四十一年に博多港に初めての港湾施設として博多《はかた》船《ふな》溜《だまり》が完成したが、その水深は二〜三メートルしかなく、この施設を視察に訪れた伊藤博文《いとうひろぶみ》は「タライのようにかわいらしいのう」と苦笑したといわれている。

そうした中、福岡の人々は官民あげて、博多港の整備を国に請願する。明治四十三年には地元有志が上京し、政界の黒幕と呼ばれた杉山茂丸《すぎやましげまる》（一八六四〜一九三五）をたずねる。杉山は旧福岡藩士の子として生まれたが、実は戦国大名の龍造寺《りゅうぞうじ》隆信《たかのぶ》の末裔《まつえい》といわれる人物で、玄洋社《げんようしゃ》のメンバーでもあり、台湾の植民地経営や南満州鉄道（満鉄）の設立にもかかわり、政財界に大きな影響力を持つ人物であった。

地元有志は杉山の支持を取り付け、大正元年（一九一二）に福岡県に築港の願書を提出するが、出資方法が明確でないことなどを理由に、許可は下りなかった。

そこで杉山は海運業で成功していた中村精七郎《なかむらせいしちろう》（一八七二〜一九四八）に投資を呼びかけた。中村は旧平戸《ひらど》藩士の子として生まれたが、幼少時は一家で北海道に入植するなど厳しい生活を送った。その後、海運業に従事し、明治三十八年に海運会社・中村組を創業し、八《や》幡《はた》製鉄所の鉄鉱石の輸送などにあたって財をなした。これが今日の大手総合物流企業の山《さん》九《きゅう》のもととなった。

中村は当時の金額で三百万円（現在では数百億円）の私財を投じて株式会社を設立し、あらためて県知事に願書を提出した。その結果、大正四年に県からの許可が出され、翌年に博多湾築港株式会社によって博多港の築港が開始された。博多港は昭和十一年（一九三六）に第一期工事が竣工し、現在の中央ふ頭の一部が完成し、それにあわせて博多築港記念大博覧会が開催された。昭和十四年には第一種重要港湾に指定され、これによって名実ともに国際港としての地位を回復したのである。

そして今や、西日本では神戸港に次ぐ第二の貿易額、コンテナ取扱量の港となった。さらに外国人旅客数およびクルーズ船寄港数では日本一の港となった。

クルーズ船の寄港回数は最多を誇る博多港(福岡市提供／Fumio Hashimoto撮影)。大型船の安全な航行のため、水深を深くする掘削がおこなわれている

近年では福岡の経済においてもインバウンドが重要な比率を占めるようになったが、その大きな要因は、中国および韓国からのクルーズ船による観光客である。航空機によるツアーに比べてクルーズ船によるツアーは、比較的リーズナブルであるのに加えて多くの荷物を運べることから、中国・韓国の観光客に人気となっているが、そのもうひとつの理由としては、博多が中国・韓国のいずれからも近距離にあるということが大きいだろう。

その意味において、博多築港に尽力した中村には先見の明があったと言える。さらには、こうした一大事業を、国の主体ではなく、民間の主体によって成し遂げたことに、福岡の人々の独立心高い心意気を感じることができる。

からくり人形から大手電機メーカーへ

日本を代表する大手電機メーカーである東芝の創業者である田中久重《たなかひさしげ》（一七七九～一八八一）は、「東洋のエジソン」「からくり儀右衛門」とも呼ばれた発明家であった。

田中は筑後国久留米《くるめ》の鼈甲細工師《べっこうざいくし》の子として生まれた。彼は少年時代から、当時流行していたからくり人形作りを得意としており、新しい仕掛けを次々と考案しては、久留米《くるめ》の五穀神社《ごこくじんじゃ》の祭礼でそれを披露し、評判となって「からくり儀右衛門」と呼ばれるようになった。

彼が製作したからくり人形として有名なものには「弓曳童子《ゆみひきどうじ》」と「文字書き人形」があり、いずれも現存している。このうち「弓曳童子」は、人形が矢立てから矢を取り、弓につがえ、的《まと》を射るという複雑な動作を繰り返すものである。また「文字書き人形」は、「寿」「松」「竹」「梅」の四文字を書くことができる。

天保《てんぽう》五年（一八三四）には大坂に移り、さらに天文学を学ぶため、弘化《こうか》四年（一八四七）に京都に移った。そこで嘉永四年（一八五一）に彼が製作したのが、「万年自鳴鐘《まんねんじめいしょう》」である。

これは当時の暦《こよみ》や時法に対応した時計である。江戸時代は時刻をあらわすのに、昼と夜の長さをそれぞれ六等分して「一時」と数える方法がとられていた。そのため、一時の長さは平均すると二時間となるが、季節によって一時の長さは変化し、夏の昼の一時は二時間より長く、冬の昼の一時は二時間より短くなってしまう。「万年自鳴鐘」ではそれに対応して、季節によって文字盤の間隔が全自動で動くという、非常に複雑な仕掛けとなっていた。この「万年自鳴鐘」も現存しており、国の重要文化財に指定されている。

嘉永六年には佐賀に移り住み、鍋島直正《なべしまなおまさ》に仕え、日本初の蒸気機関車と蒸気船の模型を製作した。また反射炉の設計や大砲の製造にも貢献し、さらには国産初の蒸気船「凌風《りようふう》丸《まる》」の建造にもたずさわった。佐賀藩はその後の明治維新において、薩摩・長州・土佐とともに立役者の雄藩に名を連ねるが、その実力の源となったのが近代化された軍事力であった。とりわけ戊辰《ぼしん》戦争の後半期、すなわち上野での彰義隊《しようぎたい》との戦いに始まり、東北地方での奥羽越列藩同盟との戦いを経て、箱館《はこだて》の五稜郭《ごりようかく》での戦いにいたる一連の戦争では、佐賀藩の近代化された兵器が果たした役割が大きかったといわれている。田中は、こうした明治維新を陰で支える役割も果たしたのである。

元治《げんじ》元年（一八六四）に田中は故郷の久留米に帰り、ここでも久留米藩の軍艦購入や銃

JR久留米駅前広場の『からくり太鼓時計』。定時になると、からくり儀右衛門の人形があらわれ、手がけた作品を身ぶり手ぶりで解説する

砲の製造にたずさわった。また火薬を用いて、氾濫《はんらん》を繰り返す筑後川の河川改修にもたずさわった。

明治六年（一八七三）になって田中は東京に移り、明治八年に電信機関係の製作所である田中製造所を設立した。明治十四年に田中は死去するが、その養子の田中大吉が事業を引き継いで芝浦《しばうら》に移転し、株式会社芝浦製作所となった。これが後に東京電機株式会社と合併し、昭和十四年（一九三九）に東京芝浦電気株式会社となり、そして現在の東芝となるのである。

こうした田中の活躍をふりかえると、明治時代に日本が急激な近代化を成しとげることができたのは、単にヨーロッパの科学技術を移植したために成しえたのではなく、江戸時代までにすでに優《すぐ》れた技術が蓄積されていたことが大きかったと考えることができる。しかもこうした技術を担った人たちの多くが、田中のような市井《しせい》の人々であったということも、日本の技術力の裾野《すその》の広さを物語っている。

特に田中の「万年自鳴鐘」には、虫歯車と呼ばれる、往復の回転運動をおこなう独特の機構が組み込まれているが、こうした仕掛けは世界のどの機械でも使用が確認されていないものといわれている。この独特の仕掛けは、あるいは江戸時代においてヨーロッパの科学技術の影響を受けることが少ない環境にあったからこそ、かえって先例や先入見にとらわれることがなく考案することができたのかもしれない。

地下足袋から世界のタイヤメーカーへ

ブリヂストンは世界最大手のタイヤメーカーであるが、その前身は日本足袋《にほんたび》株式会社という地下《じか》足袋のメーカーであった。

ブリヂストンの創業者である石橋正二郎《いしばししょうじろう》（一八八九〜一九七六）は、久留米の仕立屋の次男として生まれた。やがて兄の徳次郎《とくじろう》（一八八六〜一九五八）とともに家業を継いで仕立屋となったが、経営の効率化をはかるため、業務を足袋の製造一本にしぼることとした。

久留米大学キャンパスに立つ石橋正二郎像。学校創設時に敷地一万坪とコンクリート建築の校舎を寄贈し支援をしている

ところで、江戸時代までの日本では、屋外の履物《はきもの》といえば草鞋《わらじ》が一般的であり、足袋は今の靴下と同じように屋内の履物として用い、外に出る時は足袋に草鞋をはいていた。そのために、足袋をはいたままでも草鞋をはくことができるように、足袋は先端が親指とほかの指の部分に二つに分かれている。しかし、明治時代になってゴムが導入されるようになると、足袋の底に直接、ゴムを縫《ぬ》いあわせて、屋外でも使用できるようにしたものが作られるようになった。

石橋兄弟はこれをさらに改良し、ゴム底を接着剤で貼り付けたものを考案すると、大正十二年（一九二三）に実用新案として登録した。さらにゴム底は滑《すべ》りにくいように波形にするなど改良を重ね、できたのが今日の地下足袋である。地下足袋は、軽くて柔軟性があり、また接地性がすぐれていることから、足場の悪い条件で作業をする場合に適していた。とりわけ、会社の近隣にある三池《みいけ》炭鉱で働く炭鉱労働者に人気を博したことから、全国的に評判となり、日本足袋株式会社の主力製品となった。

タイヤ生産に参入を始めたのは、昭和四年（一九二九）のことである。アメリカからタイヤの製造機械を購入し、タイヤの試作を始め、翌年には初の国産タイヤの生産に成功した。昭和六年にはブリヂストンタイヤ株式会社を設立し、社長となった。なお、社名は自分の姓を英訳して「ストーン」と「ブリッジ」としたが、「ストーンブリッジ」では語呂が悪いのと、当時のタイヤの世界的ブランドであった「ファイアストン」にあやかって「ブリヂストン」としたのは有名な話である。

正二郎はもともと自動車に関心を持っていたようで、大正元年には九州で最初となる自動車を購入し、町の中を走らせて足袋の宣伝をおこなうという、当時としては先進的な広告手法を取り入れている。正二郎は、将来、自動車産業が大きく成長することを予感していたのかもしれない。

当時、国内のタイヤ市場は海外のメーカーに独占されており、国産とはいえ新興メーカーがそこに食い込む余地はほとんどなかった。そのためブリヂストンは品質責任保証制を採用した。すなわち、製品が故障した際には無料で新品に取り換えるというサービスである。当然、最初は技術が未熟なために不具合を起こす製品が多かったり、あるいはわずかな傷で不良品といって取り換えを要求されるケースもあったりして、返品の山に苦しんだ時期もあったという。しかし、こうした地道な消費者サービスが功を奏して製品と会社の信頼を高め、昭和七年にはアメリカのフォード社の製品品質試験に合格し、海外に輸出するほどになったのである。

以後、正二郎の会社はタイヤ産業を中心に成長を続け、一代で石橋財閥《ざいばつ》ともいえる巨大企業グループを築くにいたった。

一方で正二郎は美術の収集家としての顔も持っていた。昭和の初めごろから日本の近代絵画の収集を始めたが、戦後に西洋美術のコレクションをまとまって入手し、それを展示するための美術館を東京京橋のブリヂストンビル内に設立した。コレクションの一部は郷里の久留米市に寄贈され、現在は久留米市美術館に展示されている。東京のブリヂストン美術館はビルの建て替えにともなってリニューアルされ、令和二年（二〇二〇）一月にアーティゾン美術館としてオープンした。

炭鉱と大衆演劇

大衆演劇といえば、劇団の一座が旅をしながら各地の芝居小屋をまわっておこなう芸能という印象が一般的だろう。派手な衣装と化粧に身を包んだ女形や、芝居や歌謡ショーなど多彩な出し物のイメージも大きいかもしれない。

かつては大衆演劇専用の芝居小屋も全国各地に存在し、その芸を身近に見ることができる、いわば今でいう「会いに行けるアイドル」の時代もあったが、近年では芝居小屋も少なくなり、もっぱら温泉宿やホテルのホールや大広間での公演が多くなってしまっている。その一方、九州には今なお、大衆演劇専用の芝居小屋が残されており、人気を博している。

そのうち代表的なものは、飯塚市の嘉穂《かほ》劇場である。もともと遠賀《おんが》川流域の地域には、明治から昭和にかけて、筑豊地域の中心産業であった炭鉱の労働者とその家族の娯楽のために、大小五十もの芝居小屋があったといわれている。そんな中で、筑豊の炭鉱王である麻生《あそう》太吉《たきち》の弟で、嘉穂電燈取締役だった麻生太七《たしち》らが中心となって、「東京や大阪にも負けない、筑豊の名に恥じない劇場を作ろう」と声を上げ、大阪の中座《なかざ》をモデルに、大正十年（一九二一）に三階建ての劇場「中座」が建てられた。この建物は昭和三年（一九二八）に

嘉穂劇場（©福岡県観光連盟）。多くの劇場で電動化されている舞台装置も、ここでは昔ながらの人力で動かしている

火災で焼失し、翌年に再建されたものの、昭和五年に今度は台風で倒壊した。

　このとき、麻生太七を中心とする株式会社は解散し、再建は困難かと思われた。しかし、中座の支配人であった伊藤隆《いとうたかし》が、個人で劇場の再建をおこなうことを決意した。伊藤は私財を投じ、また地元の人々からの支援もあって、翌昭和六年に現在の嘉穂劇場の建物が建てられ、今にいたっている。建物の大きさこそ三階建てから二階建てとなってしまったが、昔ながらの歌舞伎小屋の雰囲気を残しており、国の登録有形文化財にもなっている。

　嘉穂劇場の当初の客層は、先述の通り炭鉱の労働者とその家族が中心であった。彼らはいわゆる「川筋者」の雰囲気を持った、「宵越しの銭は持たない」気質の人々であった。そうした人々にとっては、大衆演劇が持つ派手さや明快さは人気を博し、受け入れられたのである。

大衆演劇の舞台は、たいてい二部構成となっており、第一部では芝居、第二部では歌謡ショーとなっている。芝居で演じられることが多いのは、『忠臣蔵』『国定忠治《くにさだちゅうじ》』『清水次郎長』といった時代劇が多く、歌舞伎や新派の演目が多いが、勧善懲悪を基本としたわかりやすいストーリーと、チャンバラなどのアクションが多いものがよく選ばれるようである。歌謡ショーでは、日舞を基本としながら演歌や歌謡曲に乗せて歌ったり踊ったりするものが多い。ショーの最中には、観客が「お花」と呼ばれるご祝儀《しゅうぎ》を役者に渡すこともあり、紙幣をつなぎあわせて首飾りにして役者の首にかけたり、紙幣を扇状《おうぎ》にして胸元に差したりすることもある。

公演終了後には、劇団員が総出で観客を見送る送り出しがおこなわれ、観客は役者と写真を撮ったり、贈りものを渡したりすることもできる。歌舞伎などの伝統芸能に比べるとこうした大衆演劇の身近さが、庶民に愛される魅力となったのだろう。

大衆演劇の人気も、石炭産業の衰退にあわせて、一九七〇年（昭和四十五）代ごろには衰退を余儀なくされる。嘉穂劇場でも、一時は年間の公演数が十～十五日にまで落ち込んだ時期もあったという。しかし近年では、そのレトロな雰囲気が人気となり、年間三十〜四十日ほどの公演がおこなわれるようになっている。

平成十五年（二〇〇三）には水害のため劇場は大きな被害を受けたが、俳優の津川雅彦が芸能人仲間に支援を呼びかけ、チャリティイベントをおこなうことによって資金を調達し、翌年には復興公演をおこなっている。平成十八年には劇場の建物が国の登録有形文化財に指定され、さらに翌十九年には近代化産業遺産として経済産業省の認定を受けるにいたり、今日では地域の文化遺産としても親しまれる存在となっている。

福岡出身の芸能人が多い理由

福岡県は多くの芸能人を輩出する土地柄として知られている。アイドルでいえば「松田聖子、藤井フミヤ、酒井《さかい》法子《のりこ》」、歌手でいえば「井上陽水、氷川きよし、浜崎あゆみ」、俳優でいえば「高倉健、黒木瞳、牧瀬里穂」、タレントでいえば「タモリ、森口博子、博多華丸・大吉」と、枚挙にいとまがない。また、こうした芸能人たちの顔ぶれをながめても、共通性があるようでないところがおもしろい。

福岡県に芸能人が多い理由については、一般的にさまざまな俗説がある。ひとつには、福岡は大陸や半島に近く、外国からの血を多く受け入れてきたので、美男美女が多いというものがある。一見もっともらしいが、外国の血が入ることと、見た目のよしあしの関係は、かなり主観的な要素であるために、あてになる話ではないだろう。

ほかには、福岡には芸能事務所が多く、芸能人になりやすい環境がそろっているという説もある。あるいは、中洲《なかす》などの歓楽街が栄《さか》えており、そうした場所が芸能界のスカウトの場となっているという説もある。しかし、福岡出身で東京などに移ってから芸能人になるケースも多いので、必ずしも説得力のある説とは言えないだろう。

さらには、目立ちたがり屋でお祭り好きの県民性によるものという説もある。一見、主観的な意見のように思えるが、私は意外といい線をついているのではないかと思っている。というのも、福岡は全国で見ても芸能や祭りがさかんな地域であるからだ。

芸能でいえば、古くは日本の古典芸能を代表する幸若舞《こうわかまい》が、唯一伝承されているのが福岡県である。幸若舞は、織田信長が好んだことでよく知られているが、室町《むろまち》時代に成立した曲舞《くせまい》の一種で、能や歌舞伎にも影響を与えたといわれている。この幸若舞の一流である大頭《だいがしら》流《りゅう》が、九州に渡って柳川《やながわ》城主の蒲池《かまち》鎮漣《しげなみ》に伝授され、それが今日でもみやま市瀬《せ》高町《たかまち》大江に伝承され、国の重要無形民俗文化財に指定されている。

豊前神楽（©福岡県観光連盟）。ちなみに神楽は神座【かみくら】が語源である。神座は神霊の宿る場所のこと

また、福岡県豊前《ぶぜん》市などで伝承されている豊前神楽《かぐら》も、古い形の芸能の姿をよく残している。神楽は神社の神事で奉納される芸能のことであり、豊前神楽では、花神楽や笹神楽など神にささげるための優雅な舞のほか、出《いず》雲《も》神話にもとづく大蛇退治の舞のように演劇性の高いものや、盆神楽といわれる、お米を盛った盆を持ってこぼさずに舞うアクロバティックなものもあり、さらには湯立て神楽と呼ばれる、高さ十メートルにもおよぶ斎鉾《いみほこ》と呼ばれる柱に鬼が上る舞もあり、見ごたえのあるものとなっている。豊前神楽も国の重要無形民俗文化財に指定されている。

　現在では博多の観光の目玉のひとつとなっている博多どんたくも、その起源は松囃子《まつばやし》と呼ばれる芸能にさかのぼる。松囃子とは、年の始まりに福を祈っておこなう芸能のことで、室町時代にさかんとなった。松囃子では、唱門師《しょうもんし》や散所《さんじょ》といった芸能専業者に加え、村民や町人などいろいろな身分の人々が着飾って仮装し、舞や囃子を披露しながら練り歩いたとされる。この松囃子は明治五年（一八七二）に政府によって禁止されたが、同十二年に復活し、その頃から「どんたく」と呼ばれるようになったといわれている。どんたくとは、オランダ語で「日曜日」を意味する語がなまったものといわれている。

さらに祭りでいえば、博多祇園山笠《はかたぎおんやまがさ》も、派手なことが好きな博多っ子の気質を象徴するような祭りである。山笠は多くの幟《のぼり》を立てて人形を飾り、その派手さを競っているし、何といっても見どころは山笠が博多の街を全速力で走り抜ける「追い山《おいやま》」であろう。かつては京都の祇園祭のように、山笠はゆっくりと優美に街を練り歩いていたのだが、江戸時代前期のころから、山笠をかついで駆け回り、スピードを競い合う現在の追い山のスタイルになったといわれている。

こうした芸能や祭りが地域の生活に身近に存在していることが、福岡県人の目立ちたがり屋でお祭り好きの気質をはぐくみ、それがエンターテインメントの業界に親しみやすいというわけだ。福岡県人にエンターテイナーが多いのは県民性だろうと私は思っている。

豚骨ラーメン・明太子という食文化

福岡の食文化を代表するものといえば、豚骨《とんこつ》ラーメンと明太子《めんたいこ》であろう。いずれも福岡がアジア世界とつながった国際都市であったから生まれた食文化と言うことができる。

豚骨ラーメンの起源については諸説ある。ひとつは、長崎県出身の人物が営む久留米のラーメン店が、「当時横浜で流行していた支那竹入《しなちく》りの支那そば」と、出身地の「長崎ちゃんぽんの豚骨ベースのスープ」をもとにして豚骨ラーメンを考案したというもの。もうひとつは、博多駅近くの屋台の店主が、中国の奉天《ほうてん》で食した白濁《はくだく》豚骨スープの麺「十銭そば」をヒントにラーメンを提供するようになったのが始まりとするものである。

いずれにしても一九三〇（昭和五）～四十（昭和十五）年代ごろから、福岡では豚骨ラーメンが作られて食されるようになったようである。それまでのラーメンといえば、いわゆる「支那そば」と呼ばれる醬油ベースのあっさりしたものが主流であった。しかし、朝鮮や中国と行き来していた人も多かった当時の福岡においては、豚骨をベースとした濃厚な味が、むしろ受け入れられたのだろう。

中洲の屋台などで出される、いわゆる「長浜《ながはま》ラーメン」は、その「極細麺」と麺だけの追加注文「替え玉」のシステムが有名である。もともと長浜ラーメンは、昭和三十年に魚市場が長浜に移転した際に、市場周辺の屋台で出されていたラーメンを指していた。しかし、今日では極細麺と替え玉は、博多のラーメンの特色として広く受け入れられるようになっている。

極細麺は屋台で早く茹《ゆ》で上がるように採用されたといわれている。替え玉も極細麺はスープの中ですぐに伸びてしまうため、伸びないうちに少量ずつ食べるために考案されたシステムらしい。どちらも屋台のラーメンとして適応したシステムであったが、今では屋台に限らず店舗のラーメンでも一般的なものとなっている。

屋台のラーメンといえば、長浜の市場のものより中洲の川沿いにずらりと並んだ屋台街の方が有名であろう。こうした屋台街は今では観光名所となっているが、かつては歩道を占拠したり、近隣に騒音を出したりすることが問題視され、平成六年（一九九四）には「現営業者一代限りとする」という通達が警察から出され、屋台の名義の変更や譲渡ができなくなった。しかし、屋台文化は福岡を代表する文化であるとの声に押されて、平成二十五年には「福岡市屋台基本条例」が施行され、屋台文化を残す方向へ政策が転換した。

もう一方の福岡を代表する食文化である明太子の起源については、朝鮮語でスケトウダ

中洲の屋台（福岡市提供）。屋台メニューの定番はラーメン、おでんだが、最近ではイタリアンもあり、メイドが接客する屋台もあるらしい

ラのことを「明太（ミョンテ）」と呼ぶのに由来したとする説が一般的である。それが現在の辛子《からし》明太子の形になるまでの歴史については諸説あるが、ひとつには、日露戦争直後から太平洋戦争中にかけて、下関と釜山《ぷさん》との間で運行されていた関釜《かんぷ》連絡船によって、スケトウダラの卵巣の辛子漬け（明卵漬《みょうらんじょ》）が下関へ輸入されたというのがある。このころの朝鮮の明卵漬は、スケトウダラの卵巣を唐辛子やニンニクで漬け込んだものであり、キムチに近いものであったといわれている。

戦後になって、後に「ふくや」を創業する川原俊夫《かわはらとしお》が、若いころに釜山で食べた明卵漬の記憶をもとに、調味液に漬け込んで味付けする辛子明太子を開発した。これが次第に評判となり、昭和三十年代半ばになると多くの同業者が設立され、昭和五十年に山陽新幹線が博多まで開通すると、一気に全国に広がるようになった。

興味深いことは、今では福岡を代表する食文化である豚骨ラーメンも明太子も、いずれもその歴史は意外に浅いことと、朝鮮や中国の料理や味がもととなり、それが福岡で改良されて、福岡の名物として定着するようになったことである。こうした外国の文化を取り入れて自分の文化に取り込んでしまうところも、福岡の土地柄と言えるだろう。

底流に流れる「旧習打破」

福岡の人々の気質として「旧習打破」の精神があるように、私には思える。それは福岡の地理的な環境と密接に結びついている可能性が高い。

福岡は日本列島の中でも、朝鮮半島・中国大陸に最も近く、日本の歴史を通じてアジア世界への玄関口となってきた。そのため新しい文化が最初にもたらされる土地であった。もともと福岡に限らず、港町の人々は、新しいものが好きな「ハイカラ」な気質を持つ傾向にあるといわれている。中でも横浜や神戸の人々は、いち早く西洋文化を受け入れており、町並みもヨーロッパ風の建物があったりすることで、「ハイカラ」な印象を持たれやすい。その意味で言うと、福岡の人々の気質は「ハイカラ」とは少し違うようにも感じられる。

日本の歴史を振り返ってみると、横浜や神戸は、明治の時代にヨーロッパ文化が一気に流入してきたイメージである。一方で福岡は、長い時代にわたって段階的に外国の文化が入ってきているために、ひとつのイメージでは語りつくせない様相となっているからではないかと思われる。

そうした段階的に導入された外国の文化を、そのままの形で受け入れるのではなく、いったん咀嚼《そしゃく》し、日本風にアレンジするのが、福岡の土地柄であると言えるだろう。

それは先史時代の稲作の導入についても言える。前に述べた通り、稲作文化は弥生《やよい》時代に一気にもたらされたものではなく、縄文《じょうもん》時代晩期にいったん稲作の農耕技術がもたらされ、それを縄文人たちが自分たちの生業の中に取り込んだ時期があったことが、今日では考古学における定説となっている。そして、しばらく縄文人による稲作農耕がおこなわれ、日本列島の風土になじんだころになって、ようやく青銅器や鉄器といった他の文化の要素も導入されたのである。

こうした新しいものを受け入れて自分の文化に取り入れる気質は、ほかの時代を通じても見ることができる。たとえば、鎌倉時代に博多を通して、禅宗とともにもたらされた茶の文化は、今や日本を代表する文化のひとつとなっている。また宋《そう》の商人の謝国明《しゃこくめい》がもたらしたとされる蕎麦《そば》も、今や代表的な日本の食文化である。さらには豚骨ラーメンや明太子も、外国の食文化をヒントにして生み出され、今や福岡を代表する食文化となっている。

もうひとつ「旧習打破」の気質として重要なのが、海外に目を向けたグローバルな視野である。福岡は国際的に視野の広い人材を輩出してきた土地でもあるが、これも地理的な環境によるところが大きいだろう。

明治時代に福岡の人々を中心に結成された玄洋社《げんようしゃ》は、当時の欧米諸国の帝国主義と、それに対抗するアジア諸国の独立運動という、大局的な観点からその活動をおこなっていたことは注目すべきである。それがひいては孫文《そんぶん》による辛亥《しんがい》革命を助け、長い目で見ればアジア諸国が植民地から解放されていく歴史的な流れをつくったことは、再評価されるべきであろう。

ここで注意すべきは、彼らはいわゆる外国かぶれの人々ではなく、むしろ天皇をはじめとする日本の伝統や文化を保守することを標榜《ひょうぼう》していた点である。グローバルなことと保守的なことは一見すると相いれないように思われるが、これもまた、新しいものを受け入れて自分のものとして取り込むという精神によるものと理解することができるだろう。

福岡の人々がグローバルな視野を持つようになったのは、外国に近いという地理的な要因に加えて、東京や大阪といったほかの日本の大都市から適度に離れていることも大きな要因だろう。前に述べたように福岡から見ると、東京・上海《シャンハイ》・ソウルはほぼ同じくらいの距離にある。そのため、東京を上海やソウルと同じレベルで、相対的に見ることができる。そうして世界を俯瞰《ふかん》的に眺めることができる人材が生まれやすい環境が、福岡にはあるのではないかと思う。

東京に影響されず独自に繁栄する

福岡の人々のもうひとつの気質は、東京などの中央に対抗し、独自の路線を進もうとする精神だろう。これもまた、福岡が海の外の世界とつながっているという地理的な環境によるものと考えられる。

歴史を通じて、海外からの新しい技術や文化は、まず福岡の地にもたらされることが常であった。その意味で、この地の人々は古《いにしえ》より、日本列島のどの地域よりも自分たちが「先進的」であると自負してきたことだろう。ところが、日本列島の政治的な中心地は、近畿地方や関東といった、いわば「途上」であるはずの地域に形成されてきた。

　おそらくこのことが、福岡の人々の気質に大きな影響を与えてきたと思われる。それは、政治的には中央になれなかったことの劣等感と、常に新しい文化を持っているという優越感の合わさったものであり、このことが東京をはじめとする中央に対する反抗心と独立心につながってきたのではないだろうか。

　こうした福岡の人々の気質は歴史を通じて見ることができる。新羅《しらぎ》と独自に外交関係を築き、中央の継体《けいたい》天皇に反抗した筑紫君磐井《つくしのきみいわい》はそうした人物の代表であろう。また九州に逃亡してきた足利尊氏《あしかがたかうじ》を支援し、南北朝の戦いで幕府と北朝に対抗する懐良《かねなが》親王を支えた九州の武士たちも、そうした気質を持った人々であったことだろう。さらには、秋月の乱をはじめとした不平士族の反乱で蜂起《ほうき》した人々や、芸能の力によって政府を風刺《ふうし》した川上《かわかみ》音二郎《おとじろう》のような人物も、そうした気質の持ち主ということができるはずだ。

　こうした反抗心と独立心は、福岡の人々が持つグローバルな視野とも関係しているかもしれない。東京を上海やソウルと同じレベルで、相対的かつ俯瞰的に見ることによって、独自の立ち位置を確立する。

　福岡は、民衆の力が強く、お上《かみ》に対抗していこうとする気質も強く感じられる。それは博多の街が長らく「自治都市」であり、民衆の力によって維持されてきたことも大きいだろう。このことが東京をはじめとする中央からの支配を拒《こば》み、独自路線を歩もうとする気概につながってきたのではないかと思う。

今日においては、多くの日本人はむしろ福岡の人々の気質に学ぶところが多いと、私は考えている。

私自身による福岡の印象は、そのコンパクトさによる利便性である。博多駅から福岡国際空港までは地下鉄によってわずか五分ほどでアクセスできる。そして、空港からは日本各地、さらには海外の多くの都市へアクセスできるのである。

福岡の二大繁華街である博多と天神《てんじん》の間も、地下鉄でわずか五分ほどの距離である。さらに最大の歓楽街である中洲は、博多と天神のほぼ中間に位置し、いずれからも歩いていける距離にある。なんなら博多と天神の間を歩いたとしても、それほどの距離ではない。すなわち、都市の中心部がほぼ徒歩圏内におさまるのである。

これに比べると東京は巨大すぎて、歩いてどこかに行こうという気は起こらない。都内を移動するだけでも、三十分から一時間はかかってしまうのが普通である。そのうえ、東京で働く人々の多くは、東京の郊外か隣接する神奈川・埼玉・千葉に自宅を持ち、一時間、

中心街まで羽田は10キロ以上、シンガポールも同様、北京・台湾は20キロ以上かかり、福岡空港の近さはもはや世界一かもしれない

あるいはもっと長い時間をかけて通勤するのが普通である。

これはひとえに東京に人口が集中していることにほかならない。その原因は政治も経済も東京への一極集中が進みすぎているからである。人口が多すぎるがために、かえって都市の利便性が失われているように、私には感じられる。

福岡は、九州では第一の人口規模の大都市であるものの、人口と街の規模と利便性がほどよいバランスの上に成り立っている。こうした福岡の利点は、福岡の人々の間でも認識されているようで、最近では「コンパクトシティ」という言葉で表現されることも多いようである。

実は、こうした都市のあり方は、最近になって始まったものではなく、博多の街の長い歴史の中で、人々の間で無意識のうちに共有され、維持されてきたものではないかと考える。つまり、都市が住みやすいか否《いな》かということは、人間の身体的な感覚に依存するところが大きい。移動距離や人口の密度、町並みに対する美的感覚、さらには周囲の山・川・海などの環境、といった要素と関連するのだ。こうした身体的な感覚に敏感な人々が福岡には多く、それはこの街の歴史の長さと関係するのではないかと、私は思う。

インターネットによるオンラインがビジネスや生活の中に深く浸透してきた今日では、かつてのように東京に一極集中する必要性も少なくなってきた。日本各地にある地方都市に人々が分散して、それぞれ独自の政治や経済を動かしていった方が、効率も生産も向上するのではないだろうか。そうした時、長らく独自の文化を育《はぐく》んできた福岡のあり方は、ひとつのモデルケースになるのではないかと私は考えている。

おわりに

本書の最後に告白させていただくが、私（筆者）自身は福岡とゆかりのある人間ではない。福岡で生まれたわけでも、これまで福岡に住んだこともない。しかし、仕事などを通じて、何度も福岡を訪れる機会を得るようになった。そのうち福岡にも数多くの知人を得て、今となっては日本の中でも最もなじみの深い町のひとつとなるにいたったのである。

「はじめに」にでも記した通り、福岡の発展の様子を旧石器時代から現代にいたるまで、「地形」と「歴史」という切り口からながめてきた。ところで、私自身の専門は考古学であり、とりわけ過去の地形の復元を通じて、かつて存在した「埋もれた港」を復元するという研究をひとつのテーマとしてきた。先史時代より日本列島では、砂州によって外海とへだてられたラグーン（内海）地形を港として利用してきた。ラグーン内は波が穏《おだ》やかで、船を停泊させるには絶好の適地であった。一方でこうしたラグーン地形は水深が浅いため、時代が新しくなって船が大きくなっていくと、座礁する危険性があるため、次第に港として用いられなくなっていった。またラグーン地形は時代が下るにつれ、河川によって運ばれてきた土砂が堆積《たいせき》したり、あるいは人々によって干拓《かんたく》などで埋め立てられたりすることによって、姿を消し、文字通り「埋もれた港」となっていったのである。

本文内でも述べた通り、福岡平野にはかつて海が入り込み、このようなラグーン地形を形成していた。そのため、かつてはその地形から天然の良港として利用され、それが福岡発展の礎《いしずえ》となったのである。しかし、ラグーンの陸地化が進行し、やがて南蛮船などの大型船を停泊させるには十分な水深を確保できなくなったため、近世には国際貿易港としての地位を長崎に奪われることになったのも、先述した通りである。こうした点において福岡は、考古学者としての私にとって格好の研究対象といえた。

一方で、本書では福岡をめぐる様々な人物の群像を取り上げるなど、本来の考古学の専門性をやや超える部分があったことも確かである。考古学という学問は、基本的には文字で記された史料をあつかうのではなく、遺物や遺構といった「非文字資料」の分析を通じて、歴史をもの語っていく分野である。そういう意味で、歴史の中で人物を描くのは、考古学が苦手とする分野であることは否定できない。しかし、私が本書で取り上げたこうした人物を描く時、彼らの性格や気質が、福岡の土地と密接に結びついていることに気がついた。すなわち、福岡の地形と歴史という二つの要素が、そこに生まれ育った人々の性格や気質に、少なからず影響を与えていると考えるにいたったのである。本書を読まれた方々にも、同じ感想を抱いていただくことができたなら、私としては、まさに意を得たり、である。

ところで、私が福岡に関連して現在進めている研究は、本書でも紹介した対馬の矢櫃《やびつ》の港の調査である。厳密に言うと、対馬は長崎県に属するので福岡ではないのだが、歴史的にも文化的にも対馬は壱岐とともに福岡とのつながりが強く、今日でも対馬に渡るには福岡空港から飛行機で行くか、福岡港からジェットフォイル、もしくはフェリーで行くのが一般的である。

矢櫃の港は、日本側の記録には出てこない謎の港である。しかしながら、現地には今日でも立派な護岸や突堤の石積みが残されている。さらにスクーバによる潜水調査をおこなってその海底を調べてみると、中世にまでさかのぼる陶磁器も見つかっている。こうした文字の記録は残されていないが、遺物や遺構を手がかりに歴史を明らかにしていく調査は、まさに考古学の醍醐味《だいごみ》でもある。矢櫃の調査はまだ継続中であり、今後の調査の進展によってはその内容は大きく変わってくるかもしれないが、本書では最もホットな情報のひとつとして、紹介させていただくこととした。

なお、矢櫃の調査は、福岡市に拠点を置く特定非営利活動法人・アジア水中考古学研究所と、伊豆に拠点を置く海洋測量会社・ウインディーネットワーク株式会社の共同事業としておこなわれている。

このうちアジア水中考古学研究所の代表である林田憲三理事長は、福岡的な気質を持った人物のように私には思われる。彼はアメリカのペンシルベニア大学に留学し、ギリシア・ローマを対象とする古典考古学を学んだ。その時に、水中考古学の世界的な草分けの一人であるジョージ・バス博士の薫陶《くんとう》を受け、帰国後、昭和六十一年（一九八六）に福岡に現在の組織の前身となる九州・沖縄水中考古学協会を立ち上げた。当時の日本では水中考古学はまだまだマイナーな分野であり、また彼自身も大学などに属することはなく在野で活動を続けながらも、元寇船が沈む長崎県の鷹島《たかしま》海底遺跡などで調査をおこない、日本の水中考古学の発展に尽くしてきた。海外の大学に留学してグローバルな視野を持ちつつ、在野で地道に活動を続ける彼の姿は、本書で紹介した福岡の先人たちの姿に重なるように思える。もっとも、彼自身は福岡の出身ではなく富山県生まれとうかがっているが、長らく福岡を拠点に活動してきたことで、福岡的な気質とひとつになっていったのかもしれない。

ところで、本書が生まれるきっかけとなったのは、編集プロダクション「フレッシュアップスタジオ」主宰の渋川泰彦さんにお声がけいただいたことに始まる。渋川さんとは以前、別の出版社で江戸・東京に関する本を作る仕事を一緒にさせていただいた。そして、今度は福岡を舞台に本を作ろうということになり、エムディエヌコーポレーションの松森敦史さんを通じて、本書を出版することとなったのである。

ひととおり原稿を書き上げ、あとは図版に何を入れるかを渋川さんとやりとりしているさなかに、松森さんを通じて突然の渋川さんの訃報を聞くこととなった。ほんの数日前までメールでやりとりをしていただけに、信じられない思いであった。

しかし、この時点でほぼ本書の内容はかたまっていたため、後の仕事は松森さんが引き継いでくださり、こうして無事に本書を出版するにいたったことには、感無量の思いである。

そもそも本書の内容は、私と渋川さんの共作といっても過言ではない。本書のそれぞれの章と節の見出しは渋川さんが考え、それにそって私が内容を考えて執筆したものである。いわば、渋川さんが出したお題に私が答える、というようなやり方で、執筆が進められたのである。

こうして本書の出版にご尽力いただいた松森敦史さんに感謝申し上げるとともに、本書を渋川泰彦さんのご霊前にささげることとしたい。

石村　智

二〇二〇年九月

参考文献

第一章●綾杉るな『神功皇后伝承を歩く（上）（下）』不知火書房／石原道博（翻訳）『新訂魏志倭人伝・後漢書倭伝・宋書倭国伝・隋書倭国伝 中国正史日本伝（1）』岩波文庫／海部陽介『サピエンス日本上陸』講談社／金関丈夫（著）・大林太良（編）『新編 木馬と石牛』岩波文庫／佐賀市教育委員会『縄文の奇跡！東名遺跡』雄山閣／中山平次郎（著）・岡崎敬（校訂）『古代の博多』九州大学出版会／北條芳隆・溝口孝司・村上恭通『古墳時代像を見なおす』青木書店／安本美典『邪馬台国への道』徳間文庫／山崎純男『最古の農村 板付遺跡』新泉社／弓場紀知『古代祭祀とシルクロードの終着地 沖ノ島』新泉社

第二章●大庭康時『中世日本最大の貿易都市 博多遺跡群』新泉社／小和田哲男（監修）『黒田官兵衛』宮帯出版社／春日市教育委員会（編）『奴国の首都 須玖岡本遺跡』吉川弘文館／片山一道『縄文人と「弥生人」』昭和堂／外山幹夫『大友宗麟』吉川弘文館／読売新聞西部本社（編）『博多商人』海鳥社

第三章●鹿毛敏夫『アジアン戦国大名大友氏の研究』吉川弘文館／九州国立博物館（編）『戦国大名』西日本新聞社／後藤靖『士族反乱の研究』青木書店／杉本尚雄『菊池氏三代』吉川弘文館／滝川幸司『菅原道真』中公新書／虎尾達哉『藤原冬嗣』吉川弘文館／中野等『立花宗茂』吉川弘文館／菱沼一憲『源範頼』戎光祥出版／峰岸純夫『足利尊氏と直義』吉川弘文館／森茂暁『懐良親王』ミネルヴァ書房／柳沢一男『筑紫君磐井と「磐井の乱」岩戸山古墳』新泉社

第四章●天野哲也・臼杵勲・菊池俊彦（編）『北方世界の交流と変容』山川出版社／網野善彦『蒙古襲来』小学館／高瀬哲郎『名護屋城跡』同成社／田中健夫『倭寇 海の歴史』講談社学術文庫／直木孝次郎『古代日本と朝鮮・中国』講談社学術文庫／半藤一利・戸高一成『日本海海戦かく勝てり』ＰＨＰ文庫／向井一雄『よみがえる古代山城』吉川弘文館
第五章●井川聡・小林寛『人ありて 頭山満と玄洋社』海鳥社／猪野健治『侠客の条件 吉田磯吉伝』ちくま文庫／田々宮英太郎『中野正剛』新人物往来社／永嶺重敏『オッペケペー節と明治』文春新書／服部龍二『広田弘毅』中公新書／山口宗之『真木保臣』西日本新聞社
第六章●青柳恵介・荒川正明『古伊万里 磁器のパラダイス』新潮社／今西一・中谷三男『明太子開発史』成山堂書店／奥山忠政『文化麺類学・ラーメン篇』明石書店／銅野陽一『心棒ひとすじ 嘉穂劇場とともに 伊藤英子聞書』西日本新聞社／林洋海『ブリヂストン石橋正二郎伝』現代書館／林洋海『東芝の祖 からくり儀右衛門』現代書館／柳沢一男『描かれた黄泉の世界 王塚古墳』新泉社／矢部良明『世界をときめかした伊万里焼』角川書店
その他●福岡市博物館（監修）『福岡博覧』海鳥社
福岡市のホームページをはじめ各種ウェブサイト、パンフレット類等を参照にしました
福岡市の文化財　http://bunkazai.city.fukuoka.lg.jp
福岡・博多の観光案内サイトよかナビ　http://yokanavi.com

MdN新書
012

地形《ちけい》と歴史《れきし》から探《さぐ》る福岡《ふくおか》

2020年10月11日　初版第1刷発行

著　者　石村《いしむら》　智《とも》

発行人　山口康夫

発　行　株式会社エムディエヌコーポレーション
〒101-0051　東京都千代田区神田神保町一丁目105番地
https://books.MdN.co.jp/

発　売　株式会社インプレス
〒101-0051　東京都千代田区神田神保町一丁目105番地

装丁者　前橋隆道

DTP　アルファヴィル

印刷・製本　中央精版印刷株式会社

カスタマーセンター
万一、落丁・乱丁などがございましたら、送料小社負担にてお取り替えいたします。
お手数ですが、カスタマーセンターまでご返送ください。

落丁・乱丁本などのご返送先
〒101-0051　東京都千代田区神田神保町一丁目105番地
株式会社エムディエヌコーポレーション　カスタマーセンター　TEL：03-4334-2915

書店・販売店のご注文受付
株式会社インプレス　受注センター　TEL：048-449-8040／FAX：048-449-8041

内容に関するお問い合わせ先
株式会社エムディエヌコーポレーション　カスタマーセンターメール窓口 **info@MdN.co.jp**
本書の内容に関するご質問は、Eメールのみの受付となります。メールの件名は
「地形と歴史から探る福岡 質問係」としてください。電話やFAX、郵便でのご質問にはお答えできません。

Senior Editor 木村健一　Editor 松森敦史

ISBN978-4-295-20036-9　C0221